40 JOURS DE RÉVÉLATIONS

pour une vie abondante

LE CHEMIN DU BONHEUR

ÉMILIE CHARETTE & SAMUEL BÉLAND

PRÉFACE

C'est avec une grande joie et un profond respect que nous vous présentons ce magnifique ouvrage, Le chemin du bonheur – 40 jours de révélations, écrit par deux serviteurs de Dieu que nous aimons et estimons énormément : les pasteurs Samuel et Émilie Béland.

Les pasteurs Béland sont des personnes exceptionnelles. Ils aiment Dieu de tout leur cœur et manifestent un amour véritable pour les gens. Leur intégrité, leur douceur et leur passion pour le Royaume de Dieu sont évidentes dans tout ce qu'ils accomplissent. Ils sont une bénédiction pour l'Église et pour cette génération.

Ce livre n'est pas simplement un recueil de méditations spirituelles. C'est un véritable parcours de transformation. Pendant quarante jours, vous serez encouragé, éclairé et inspiré. Chaque page vous guidera un peu plus sur ce chemin de bonheur que Dieu désire pour chacun de Ses enfants.

Nous sommes convaincus que ce livre touchera profondément votre cœur et qu'il produira de précieux fruits dans votre vie spirituelle.

Avec tout notre amour et notre reconnaissance pour les pasteurs Samuel et Émilie,

Joël et Mathilde Spinks
Apôtre et pasteurs fondateurs de l'Église de la Victoire

REMERCIEMENTS

Pasteurs Joël & Mathilde Spinks

C'est un privilège pour nous de servir sous votre couverture spirituelle. Vous êtes un exemple authentique, autant dans vos enseignements que dans votre vie. Votre constance, votre foi et votre amour nous inspirent. Et au-delà du ministère, nous chérissons votre précieuse amitié. Marcher à vos côtés est un vrai cadeau dans notre vie.

Pasteurs Gwen & Magali Dressaire

Merci d'être des amis si précieux et des instruments de Dieu dans notre parcours. Chaque moment avec vous est un vrai bonheur. Votre cœur ouvert, votre générosité et votre amitié sincère sont un cadeau pour nous.

Église de la Victoire

À toute notre équipe de la Victoire, aux membres locaux et internationaux, merci pour votre amour, votre soutien et votre fidélité. Votre ADN d'honneur, de foi et de générosité nous rend fiers de faire partie de cette famille.

Pasteurs Joël & Hannah Dumaine

Merci pour ces sept ans passées à vos côtés. Vous avez choisi de vous investir en nous, et cela a profondément marqué notre parcours personnel, familial et ministériel. Nous sommes reconnaissants pour tout ce que vous avez semé dans nos vies. Nous vous aimons.

À tous ceux qui ont rendu ce livre possible,

Un merci tout spécial à **Gerlie Montherville**, pour ton soutien et ta joie quotidienne. À **Katia Lucas**, pour ton œil attentif et ta rigueur dans la relecture et la révision. Votre contribution a été inestimable. **Éric & Mical Péchin**, pour votre soutien et votre générosité dans ce projet de livre.

Merci également à nos amis et à nos merveilleuses familles, les **Charette** et les **Béland**, pour votre soutien indéfectible à travers les années. Vous avez cru en nous, prié pour nous et marché avec nous dans les saisons les plus belles comme les plus exigeantes.

Enfin, à nos enfants merveilleux — **Néhémie, Louis-Philippe et Abigaël** — merci pour votre amour, votre compréhension et votre soutien envers des parents qui se donnent à 100 % pour le Royaume de Dieu. Vous êtes notre plus grande joie. Vivre le bonheur, pour nous, c'est aussi vous voir épanouis, en paix, heureux et avec Jésus. Merci d'être avec nous dans cette aventure. Nous vous aimons tendrement.

Et comment ne pas remercier **Celui qui rend tout cela possible**, Celui sans qui rien de tout cela n'existerait. Il n'y a pas de mots assez forts sur cette terre pour exprimer notre reconnaissance et notre amour envers notre Seigneur et Sauveur Jésus, et envers notre tendre Père. **À Lui soit toute la gloire**.

Éditions

Les publications Victoire, C.P. 188 Bromont-Canada

eglisedelavictoire.com

Dépôt légal, Bibliothèque et Archives Nationales du Québec

Le chemin du bonheur — Émilie Charette et Samuel Béland

ISBN: 978-2-924931-33-2 (1e édition, 2025)

Crédit Photo

Photographe: Junior Bols

Traitement photo: Joseph Charette

Note éditoriale

Afin d'alléger la lecture, le masculin est utilisé de manière générique dans ce livre et inclut naturellement le féminin.

Versions bibliques utilisées

Sauf indication contraire, les versets bibliques sont tirés de la version **Louis Segond 1910 (LSG).**

D'autres versions ont été utilisées pour enrichir la compréhension des textes. Voici la liste des traductions citées avec leur mention légale :

40 JOURS DE RÉVÉLATIONS
pour une vie abondante

LE CHEMIN DU BONHEUR

Les publications Victoire,
Un ministère de l'Église de la Victoire.

TABLE DES MATIÈRES

Mot des auteurs 14

1 Transformé dans l'amour 16
2 La Bonne Nouvelle, une histoire d'amour 20
3 S'attendre aux bontés de Dieu 24
4 Des pensées victorieuses 28
5 L'activation de la foi 32
6 Lorsque la louange devient ta victoire 36
7 Quand la foi dépasse la raison 40
8 L'attitude de la victoire 44
9 Christ en toi, l'espérance de la gloire ! 48
10 Comment va ton cœur ? 52
11 Comme Jésus 58
12 Mon Dieu : Celui qui pourvoit ! 64
13 Dépendant de Lui 70
14 Connaitre ta valeur 74
15 La promesse du repos 78
16 La puissance de l'adoration 82
17 Choisir la joie 88

18 Le pouvoir de la parole 94
19 La Puissance de la générosité 98
20 Affronter l'épreuve avec Dieu 102
21 Persévère ! N'abandonne pas ! 108
22 La reconnaissance, une clé puissante 112
23 Refuse l'inquiétude 116
24 Quand la tempête se lève 122
25 Sois rempli d'espérance 128
26 Le vrai bonheur commence à la maison 134
27 Tu portes la vie 140
28 La voix du bon Berger 144
29 La vraie sagesse 150
30 Témoin de Jésus-Christ 156
31 Dieu veut faire de ta vie un chef-d'œuvre 160
32 Aligné à Sa volonté 166
33 L'encouragement : un don à partager 172
34 Surmonter l'insécurité 176
35 De l'inconfort à la paix 182
36 Dieu désire ton bonheur 188
37 Les 4 clés de la réussite 196
38 Le repos divin : dans l'intimité de Dieu 202
39 Rester concentré 208
40 Les 4 clés de la victoire 214

Conclusion.................................... 220
Restons connectés............................. 222

Mot des auteurs

Si nous avons choisi d'écrire ce dévotionnel de 40 jours, c'est avant tout parce que nous croyons fermement que la Parole de Dieu a le pouvoir de transformer les vies. Nous sommes Samuel et Émilie, un couple de pasteurs passionnés par la vie abondante que Dieu offre à chacun de ses enfants. Ce que nous partageons ici n'est pas le fruit d'une simple réflexion intellectuelle, mais des révélations que Dieu a déposées dans nos cœurs tout au long de notre parcours.

Dans ces pages, tu ne trouveras pas de discours compliqués ou théoriques, mais des vérités concrètes, applicables à ta vie quotidienne. Nous voulons te rappeler que les promesses de Dieu sont réelles, actuelles et accessibles. Oui, le bonheur et la grâce t'accompagnent chaque jour de ta vie (Psaume 23:6), et cette vie abondante que Christ est venu nous offrir (Jean 10:10) est pour toi aujourd'hui. La question est : quel parcours emprunter pour l'expérimenter pleinement ?

Au fil de l'histoire biblique, nous voyons que 40 jours peuvent marquer un tournant décisif. Moïse a passé 40 jours sur la montagne en communion avec Dieu, en revenant transformé et porteur des commandements divins (Exode 34:28). Jésus a passé 40 jours dans le désert, fortifié par l'Esprit, et en est ressorti prêt à accomplir sa mission (Luc 4:1-14). Ces périodes de 40 jours ont changé la trajectoire de leur vie et de celles de millions de croyants après eux. Nous croyons que ce dévotionnel peut être un point tournant pour toi aussi.

Nous t'invitons à entreprendre ce parcours avec un cœur ouvert, prêt à recevoir la puissance transformatrice de sa Parole. Que ces 40 jours soient un temps d'intimité avec Dieu, de révélation profonde et de renouvellement spirituel. Nous prions que ce livre te conduise vers une expérience tangible de sa présence, de son amour et de ses promesses. Sois prêt : ta vie ne sera plus jamais la même !

Avec amour et simplicité,
Samuel et Émilie

CHAPITRE UN

TRANSFORMÉ DANS L'AMOUR

SAMUEL

Ayant grandi dans une famille chrétienne, j'ai, dès mon adolescence, cherché à approfondir ma relation avec Dieu. Je m'efforçais d'être un « bon chrétien » en lisant la Bible, en priant, en jeûnant, en étant fidèle et en donnant ma dîme. Mon objectif principal était d'obéir et de servir Dieu avec dévouement.

Cependant, sans m'en rendre compte, ma relation avec Dieu ressemblait davantage à celle d'un employé envers son supérieur. Je savais intellectuellement que Dieu m'aimait, car la Bible le disait, mais je ressentais le besoin constant de mériter cet amour par mes actions. Je craignais que si mon obéissance faiblissait ou si je commettais une erreur, Dieu me regarderait avec dédain.

Cette perception a changé lors d'une conférence pour entrepreneurs chrétiens en Californie. Bien que j'y sois allé principalement pour des raisons professionnelles, j'ai véritablement vécu un baptême d'amour. Dès mon arrivée sur le parking, des larmes ont commencé à couler sur mes joues. Je ressentais la présence de Dieu de façon intense, ainsi qu'un amour débordant. Tout au long de la conférence, j'ai expérimenté l'amour de Dieu d'une manière nouvelle et profonde.

Bien que j'avais 29 ans et que j'avais toujours été croyant, c'était la première fois que je me sentais aimé comme un fils. C'est avec une telle tendresse et passion que j'ai réalisé que le Père courait vers moi, à l'image du père dans la parabole du fils prodigue : ***Alors qu'il était encore loin, son père le vit et fut rempli de compassion, il courut se jeter à son cou et l'embrassa.*** Luc 15:20 (S21)

Ce fut un jour nouveau pour moi. Sans minimiser tout ce que j'avais vécu avec Dieu auparavant, c'est à ce moment-là que l'amour de Dieu est passé de ma tête à mon cœur. J'ai compris que Dieu m'avait adopté comme son enfant. Comme il est écrit dans Éphésiens 1:5 : ***Il nous a destinés d'avance à être ses enfants qu'il voulait adopter par Jésus-Christ. Voilà ce que, dans sa bonté, il a voulu pour nous.*** (BDS)

Cette révélation m'a montré que je n'avais pas besoin de gagner Son amour par mes œuvres, car j'avais été justifié par le sacrifice de Jésus (Romains 5:1).

Cette prise de conscience a transformé ma relation avec Dieu. Je suis passé d'un état de serviteur à celui d'enfant, adopté et immergé dans Son amour. Bien que le service reste une partie intégrante de ma personnalité, je réalise désormais que ma motivation première doit être l'amour. Comme le rappelle 1 Jean 3:1 :

Voyez quel amour le Père nous a témoigné, pour que nous soyons appelés enfants de Dieu ! Et nous le sommes.

Jésus lui-même a déclaré dans Jean 15:14-15 : ***Vous êtes mes amis [...] Je ne vous appelle plus serviteurs.***

Cette amitié avec Dieu est fondée sur l'amour inconditionnel, et non sur une liste de tâches à accomplir. Je t'encourage aujourd'hui à ouvrir ton cœur et à accepter cet amour divin. Comme le dit Jérémie 31:3 : ***D'un amour éternel, je t'aime, c'est pourquoi je t'attire par l'affection que je te porte.*** (BDS)

Dieu t'a couronné de son amour et t'appelle son enfant. Rappelle-toi que rien ne peut te séparer de cet amour, comme l'affirme Romains 8:39 : ***Ni la hauteur, ni la profondeur, ni aucune autre créature ne pourra nous séparer de l'amour de Dieu manifesté en Jésus-Christ notre Seigneur.***

UN AMOUR QUI COURT VERS TOI

David était appelé dans la Parole de Dieu ***un homme selon son cœur*** (1 Samuel 13:14, Actes 13:22). Cela nous rappelle que l'amour de Dieu doit toujours être notre source et notre offrande, ce que nous lui offrons en retour.

Aujourd'hui, le créateur de l'amour, le bon Père, court vers toi pour t'accueillir et t'inviter à sa table. Accepte cet amour !

EXERCICES DU JOUR

Déclare à haute voix et avec foi ces vérités puissantes :

1. Père, tu m'aimes d'un amour parfait. Je n'ai rien à prouver pour mériter ton amour, car tu as déjà tout accompli pour moi en Jésus.
2. Je suis ton enfant. Ton identité ne dépend pas de mes performances, mais de ton amour parfait pour moi.
3. Je suis aimé par toi. Tu m'appelle mon fils / ma fille et je vis dans cette assurance chaque jour.
4. Père, je reçois pleinement ton amour. Tu me regardes avec bienveillance et tu me donnes une place à ta table. Je suis accepté et chéri par toi.
5. Rien ne peut me séparer de ton amour. Tu m'as adopté et ton amour pour moi est éternel.

LECTURE COMPLÉMENTAIRE

Luc 15:11-32

La parabole du fils prodigue.

CHAPITRE DEUX

La Bonne Nouvelle, une histoire d'amour

ÉMILIE

« Oui, Dieu a tant aimé le monde qu'il a donné son Fils, son unique, pour que tous ceux qui placent leur confiance en lui échappent à la perdition et qu'ils aient la vie éternelle. » Jean 3:16 (BDS)

Tu es né pour aimer et être aimé. Depuis le commencement, tout est une question d'amour. Un Dieu admirable et aimant a créé un monde splendide pour ses enfants, qu'il chérit profondément, afin qu'ils puissent en jouir pleinement et y régner dans l'amour, la paix et la joie.

Dieu a créé l'homme et la femme à son image, à sa ressemblance, pour être en communion avec eux. Il nous a créés pour que nous puissions ensemble nous aimer, nous compléter et prospérer sur la terre, afin d'y porter du fruit en abondance et d'en avoir la domination. Il ne nous a pas conçus pour être des robots, mais il nous a créés, tels ses enfants, pour être rois ici-bas, libres de choisir et libres d'aimer en retour. Oui, Dieu nous a toujours donné le choix. Il est écrit dans Deutéronome 30:19-20 :

« Je mets devant vous la vie et la bénédiction, la mort et la malédiction. Choisissez donc la vie, afin que vous viviez, vous et vos descendants. Aimez le Seigneur votre Dieu en obéissant à sa voix et en vous attachant à lui. » (BDS)

Notre monde a été fondé sur l'amour, car Dieu est amour. Et la base de l'amour, c'est de croire et de faire confiance : c'est une question de foi. Mais, comme nous le savons, Adam et Ève ont échoué. Au lieu de faire confiance à Dieu, ils ont choisi d'écouter les propos tortueux du serpent ancien. À cause de leur rébellion, ils ont perdu toute leur gloire, leur dignité et leur autorité, et le mal a pris le pouvoir dans notre monde.

Il est écrit : ***Ne savez-vous pas que vous êtes esclaves de celui à qui vous obéissez, soit du péché qui conduit à la mort, soit de l'obéissance qui conduit à la justice ?*** (Romains 6:16 - S21). Car tout homme devient esclave de ce qui a triomphé de lui.

UN PLAN D'AMOUR PARFAIT

Cependant, Dieu, rempli de miséricorde et de compassion, a préparé un chemin nouveau pour redonner à ses enfants la dignité perdue et ainsi vaincre et écraser l'oppresseur malveillant qui les avait trompés. Dieu a conçu le plus beau de tous les plans d'amour, sachant que l'homme ne pouvait pas se sauver lui-même. Il a donc décidé de venir le secourir.

Il a envoyé son Fils unique, Jésus-Christ, comme second Adam pour racheter ce qui avait été perdu au jardin d'Éden. Par amour et par obéissance, Jésus a offert sa vie et versé son sang pour briser la puissance du mal, afin que quiconque invoque son nom soit sauvé, délivré et libéré de toute malédiction.

En Jésus, nous sommes restaurés et pouvons de nouveau être en communion avec notre Père. Par son Saint-Esprit en nous, nous manifestons son Royaume sur la terre. Comme Jésus nous a enseigné à prier dans Matthieu 6 : ***Que ton règne vienne et que ta volonté soit faite sur la terre comme au ciel.*** (S21)

Alors, rachetons le temps ! Aimons Dieu avec passion et notre prochain comme Christ nous l'a démontré. Répandons cette Bonne Nouvelle qui a le pouvoir de transformer des vies et de changer le monde. **Voilà la véritable révolution : l'amour de Dieu manifesté à travers nous !**

PRIÈRE

Seigneur Jésus, je te rends grâce pour ton immense amour. Merci d'avoir donné ta vie pour moi, de m'avoir racheté et restauré. Aujourd'hui, je choisis la vie et je veux aimer comme toi. Je sais que ton Esprit est avec moi afin que je reflète ton amour et ta lumière dans ce monde. Je déclare que je suis un instrument entre tes mains pour propager cette révolution d'amour. Amen.

LECTURES COMPLÉMENTAIRES

Jean 3:16-21 — L'amour de Dieu pour nous
Deutéronome 30:19-20 — Choisir la vie et s'attacher à Dieu
2 Corinthiens 5:17-21 — Le ministère de la réconciliation
1 Pierre 2:9 — Rois et prêtres pour notre Dieu

CHAPITRE TROIS

S'ATTENDRE AUX BONTÉS DE DIEU

SAMUEL

« Les bontés de l'Éternel ne sont pas épuisées,
Ses compassions ne sont pas à leur terme ;
Elles se renouvellent chaque matin.
Oh ! Que ta fidélité est grande !
L'Éternel est mon partage, dit mon âme ;
C'est pourquoi je veux espérer en lui.
L'Éternel a de la bonté pour qui espère en lui,
Pour l'âme qui le cherche. » Lamentations 3:22-25

Il y a quelques années, j'ai commencé à faire des déclarations de foi sur ma vie. L'une d'entre elles était : « Dieu est un bon Dieu et j'anticipe ses bontés envers moi aujourd'hui ! » Mais la première fois que j'ai lu cette déclaration, j'ai eu un moment de réflexion et je me suis dit : *qui suis-je pour demander cela ? Il y a tant de gens qui souffrent bien plus que moi.*

J'avais inconsciemment laissé entrer dans mon cœur une forme de religiosité, comme si recevoir la bonté de Dieu était un manque de compassion et de solidarité envers ceux qui traversaient des épreuves.

Pourtant, en refusant d'expérimenter sa bonté, je me privais moi-même de devenir une source de bénédiction pour les autres.

Dieu, dans sa tendresse, m'a parlé et m'a rappelé que ses bontés se renouvellent chaque matin et que, si nous traversons des moments difficiles, ses compassions ne sont pas épuisées.

C'est comme si, chaque matin, un grand festin était préparé pour ses enfants, avec une abondance pour tous ! Si tu es un enfant de Dieu, tu as reçu une invitation personnelle. Dieu veut que nous goûtions à sa bonté.

« Goûtez et voyez comme le Seigneur est bon. Il est heureux, celui qui s'abrite en lui ! » Psaume 34:9 (PDV2017)

Dieu est bon, tout le temps. Il est immuable, ce qui signifie qu'il ne change pas. Sa bonté n'est pas influencée par ses émotions ou son humeur du matin, mais elle fait fondamentalement partie de sa nature.

« Tout cadeau de valeur, tout don parfait, nous vient d'en haut, du Père des lumières et en qui il n'y a ni changement, ni ombre due à

des variations. **»** Jacques 1:17 (BDS)

DIEU EST BON TOUT LE TEMPS

Dieu est bon tout le temps ! C'est une nouvelle extraordinaire pour nous, ses enfants, ainsi qu'une révélation importante à saisir ! Lorsqu'on saisit cette vérité, cela signifie que ses promesses sont certaines et que nous pouvons nous attendre à son amour et à sa fidélité chaque jour. Car, comme il est écrit dans Hébreux 10:23 : ***Retenons fermement l'espérance que nous proclamons, car celui qui a fait la promesse est fidèle.*** (S21)

J'aimerais t'encourager aujourd'hui à avoir cette même attente : goûter et savourer ses bontés, un peu comme si c'était ton anniversaire. Lorsqu'arrive notre anniversaire, nous nous attendons à recevoir des attentions, des souhaits, des cadeaux et des surprises. Attendons-nous aux bontés de Dieu avec la même anticipation !

EXERCICES DU JOUR

Déclare à haute voix et avec foi ces vérités puissantes :

- Je déclare que Dieu est bon, tout le temps !
- Je choisis de m'attendre à ses bontés !
- Je crois que ses promesses sont certaines et que sa fidélité dure à toujours !
- Dieu est un Dieu bon et je m'attends à ses bontés aujourd'hui !

LECTURES COMPLÉMENTAIRES

Hébreux 10:23 (BDS)

« Restons fermement attachés à l'espérance que nous reconnaissons comme vraie, sans fléchir, car celui qui nous a fait les promessesest fidèle. »

Psaume 23:6

« Oui, le bonheur et la grâce m'accompagneront tous les jours de ma vie »

Ésaïe 30:18

«Cependant l'Éternel désire vous faire grâce, et il se lèvera pour vous faire miséricorde; car l'Éternel est un Dieu juste : Heureux tous ceux qui espèrent en lui ! »

Matthieu 7:11

« Si donc, méchants comme vous l'êtes, vous savez donner de bonnes choses à vos enfants, à combien plus forte raison votre Père qui est dans les cieux donnera-t-il de bonnes choses à ceux qui les lui demandent. »

CHAPITRE QUATRE

DES PENSÉES VICTORIEUSES

ÉMILIE

« Avant tout, prends garde à ce que tu penses au fond de toi-même, car ta vie en dépend. » Proverbes 4:23 (BFC)

Nous sommes appelés à vivre une vie victorieuse en tant que nouvelle créature en Jésus-Christ. Cependant, pour expérimenter pleinement cette victoire, nous devons apprendre à soumettre nos pensées à l'obéissance de Christ. La Parole nous exhorte dans Romains 12:2 à être transformés par le renouvellement de notre intelligence, afin de discerner la volonté de Dieu — ce qui est bon (excellent, joyeux), agréable et parfait (complet, rendu mature). Proverbes 23:7 nous rappelle également : ***Car il est comme les pensées de son âme.***

Nos pensées influencent directement la façon dont nous vivons aujourd'hui et, par conséquent, ce que nous deviendrons demain !

LE CHAMP DE BATAILLE DES PENSÉES

C'est dans nos pensées que se joue le plus grand combat. C'est là que l'ennemi tente de nous voler, de nous rabaisser et de nous écraser. Par toutes ses stratégies, il tente de nous empêcher de vivre la plénitude que Jésus a acquise pour nous au prix de sa vie, à la croix.

As-tu déjà remarqué que lorsque tes pensées deviennent négatives ou que tu rumines tes problèmes, tout semble plus sombre autour de toi ? Ton cœur s'alourdit, et c'est comme si un brouillard venait obscurcir ta vision, t'empêchant de voir avec clarté. Peu à peu, le découragement s'installe, et tu ne perçois plus les bénédictions qui t'entourent. C'est l'une des ruses les plus subtiles de l'ennemi : détourner ton regard des bontés de Dieu. Il sait très bien qu'en tournant tes pensées vers le Seigneur, la joie revient et la force se renouvelle.

Le Psaume 103:2 nous exhorte : ***Mon âme, bénis l'Éternel, Et n'oublie aucun de ses bienfaits !***

Choisir la reconnaissance et méditer sur les bienfaits de l'Éternel chaque matin est une clé puissante pour une vie victorieuse. Même dans l'adversité, Jérémie déclare dans Lamentations 3:21-22 : ***Mais voici la pensée que je me rappelle à moi-même, la raison pour laquelle j'aurai de l'espérance : non, les bontés de l'Éternel ne sont pas à leur terme, et ses tendresses ne sont pas épuisées.*** (BDS)

Oui, ses bontés se renouvellent chaque matin ! Mais il nous revient de les reconnaître et d'en être reconnaissants.

LE POUVOIR DU RENOUVELLEMENT DES PENSÉES

La parole de Dieu nous enseigne également dans Philippiens 4:7-9 de nous inquiéter de rien, mais de faire connaître nos besoins à Dieu dans la prière et de choisir de rester dans une attitude de reconnaissance et de foi, car c'est là que la paix de Dieu qui surpasse toute intelligence gardera nos cœurs et nos pensées sous sa protection. Au verset suivant, l'apôtre Paul ajoute : ***Nourrissez vos pensées de tout ce qui est vrai, noble, juste, pur, digne d'amour ou d'approbation, de tout ce qui est vertueux et mérite la louange.*** (BDS)

Maîtriser ses pensées demande de la discipline et de la persévérance, tout comme l'entraînement d'un muscle. Mais cette discipline porte des fruits inestimables ! Alors, ne laisse plus les pensées négatives, défaitistes ou mensongères prendre racine en toi. Réfute-les immédiatement avec la vérité de la Parole de Dieu. Ne laisse plus l'ennemi te paralyser et souviens-toi : tu es plus que vainqueur en Christ !

La Bible dit dans 1 Corinthiens 2:16 : ***«Nous avons la pensée de Christ. »*** Donc, c'est avec assurance que tu peux ordonner à tes pensées de se soumettre à la volonté de Dieu, c'est-à-dire à ce qui est bon, agréable et parfait.

Que la paix de Dieu, son *shalom* — qui signifie « rien de brisé, rien de manquant » — garde ton cœur et tes pensées sous la protection de Jésus-Christ.

EXERCICES DU JOUR

Déclare cette prière de déclaration avec foi:

Je refuse toute pensée négative et je choisis de nourrir mon esprit avec la vérité de Dieu. J'ai la pensée de Christ et je vis dans la paix et la victoire en Jésus-Christ ! Tout ce qui est vrai, noble, juste, pur, digne d'amour et d'approbation, tout ce qui est vertueux et mérite la louange, est l'objet de mes pensées. Dans le nom de Jésus. Amen !

CHAPITRE CINQ

L'ACTIVATION DE LA FOI

SAMUEL

La foi n'est pas une simple croyance, c'est une force vivante, une puissance créatrice qui opère dans le monde spirituel et se manifeste dans le naturel. Hébreux 11:1 déclare :

« La foi est la substance des choses qu'on espère, l'évidence des choses qu'on ne voit pas.» (KJV)

Remarque ce mot : **substance.** La foi est réelle, tangible dans le monde spirituel, et elle a la capacité d'amener à l'existence ce que Dieu a prévu pour nous. Pourtant, beaucoup de croyants vivent seulement des éclairs sporadiques de la puissance de Dieu, se demandant pourquoi ils ne voient pas les mêmes miracles qu'ils lisent dans les Évangiles.

Je veux te partager une clé essentielle aujourd'hui : la foi seule ne suffit pas, elle doit être activée.

L'ACTIVATION DE LA FOI : LA PAROLE PROCLAMÉE

Jésus a dit dans Marc 11:22-23 : ***Ayez foi en Dieu. Je vous le dis en vérité, si quelqu'un dit à cette montagne: Ote-toi de là et jette-toi dans la mer, et s'il ne doute point en son cœur, mais croit que ce qu'il dit arrive, il le verra s'accomplir.***

Regarde bien le schéma : croire dans son cœur et parler avec sa bouche. La foi devient opérante lorsque nous la déclarons. Ainsi, tu dois **«parler»** ta foi ! Dès la création du monde, Dieu a agi ainsi.

Dans Genèse 1, à chaque étape, il est écrit : « Dieu **dit** […] et la chose fut. » L'univers a été formé par la parole de Dieu.

J'ai souvent entendu cette phrase : *Dieu voit ton cœur.* Et c'est vrai. 1 Samuel 16:7 nous rappelle que ***l'homme regarde à ce qui frappe les yeux, mais l'Éternel regarde au cœur.*** (S21) Ce que Dieu voit dans ton coeur c'est tes intentions et ta disposition. Cependant, c'est par la foi que nous pouvons acquérir les promesses et ce que nous oublions parfois, c'est que pour que la foi produise un effet, elle doit être exprimée.

Jésus l'a démontré à ses disciples en maudissant le figuier dans Marc 11. Il n'a pas seulement pensé qu'il ne porterait plus de fruits, il l'a déclaré. Le lendemain, l'arbre était desséché. C'est dans ce contexte qu'Il enseigne sur la foi et la puissance de la parole.

En Marc 11, Jésus donne à ses disciples une démonstration frappante du pouvoir de la parole déclarée. En chemin vers Jérusalem, il aperçoit un figuier plein de feuilles et s'en approche, espérant y trouver du fruit. Mais il n'y trouve rien. Alors, il parle à l'arbre et déclare : ***Que plus jamais personne ne mange de ton fruit !*** (Marc 11:14)

Le lendemain, en repassant au même endroit, Pierre remarque que le figuier est complètement desséché depuis la racine. C'est alors que Jésus enseigne cette vérité puissante : ***Ayez foi en Dieu. Je vous le dis en vérité, si quelqu'un dit à cette montagne: Ote-toi de là et jette-toi dans la mer, et s'il ne doute point en son cœur, mais croit que ce qu'il dit arrive, il le verra s'accomplir.*** (Marc 11:22-23)

Jésus ne s'est pas contenté de croire que le figuier sécherait : il l'a déclaré à haute voix. Il a exprimé sa foi par la parole, et ce qu'il a dit s'est accompli. Par cette illustration, il nous montre que la foi ne reste pas silencieuse : elle parle ! Une parole libérée dans la foi produit un impact surnaturel.

Il est temps d'activer cette force en toi. Ne garde pas ta foi silencieuse. Proclame les promesses de Dieu sur ta vie, parle à tes montagnes et vois-les se déplacer !

ÉTUDE COMPLÉMENTAIRE
LA PAROLE ET LES MIRACLES DE JÉSUS

Si tu relis les Évangiles, tu verras que dans une grande majorité des miracles de Jésus, une parole a été prononcée. Voici quelques exemples :

- **La tempête apaisée** (Marc 4:39)
  Jésus dit : « Silence, tais-toi ! » et le vent s'arrêta.
- **La résurrection de Lazare** (Jean 11:43)
  Jésus crie : « Lazare, sors ! » et le mort revint à la vie.
- **La guérison du serviteur du centenier** (Matthieu 8:8-13)
  Jésus prononce une parole de guérison à distance.
- **L'homme à la main paralysée** (Luc 6:10)
  Jésus lui dit : « Étends ta main. » Il obéit, et sa main fut guérie.
- **Le paralytique descendu par le toit** (Marc 2:11)
  Jésus dit : « Lève-toi, prends ton lit et marche. »

CHAPITRE SIX

Lorsque la louange devient ta victoire

ÉMILIE

« Je m'écrie : Loué soit l'Éternel ! Et je suis délivré de mes ennemis. » Psaumes 18:4

Je me souviens d'un dimanche soir, un soir comme tant d'autres. J'avais 14 ans à l'époque, et avec ma maman, nous sommes allées à l'église. Ce soir-là, juste avant le culte, il y a eu un moment d'intercession. J'y suis allée. Je ne saurais dire pourquoi exactement, mais je me suis soudain sentie écrasée, oppressée, comme si une lourdeur était tombée sur moi. Plusieurs personnes l'ont remarqué et sont venues prier pour moi, mais cette tension est restée tenace, persistante.

Puis est venu le moment de la réunion, et je me suis retrouvée face à un choix : soit je m'isole et reste dans ce petit local seule avec moi-même, soit je choisis de me joindre à l'assemblée pour louer et adorer Dieu, malgré ce que je ressentais. J'ai alors décidé de tout laisser derrière moi. J'ai choisi de me concentrer sur Dieu, d'ignorer mes émotions négatives, et de le louer de toutes mes forces. Dès que j'ai commencé à chanter et à lever les mains vers le ciel, quelque chose de puissant s'est produit. Pour la première fois, j'ai ressenti la force de Dieu me traverser, une énergie incroyable qui a envahi tout mon être. Je me suis mise à sauter, à courir autour de l'assemblée, sans me soucier des regards des autres, seule avec Lui, comme un enfant libre dans les bras de son Père. Toute la lourdeur qui m'oppressait est alors partie.

Ce fut une danse de joie, une danse que je n'aurais jamais osé faire devant qui que ce soit auparavant, mais à cet instant, cela n'avait plus d'importance. Je n'étais plus prisonnière des regards extérieurs. Seul le regard de Dieu comptait. Ce moment fut décisif dans ma marche avec lui. À partir de ce jour-là, je me sentais remplie d'une audace nouvelle et d'une force renouvelée pour avancer dans l'appel qu'il m'avait confié.

Ce jour-là, j'ai expérimenté un verset que je ne connaissais peu à l'époque, mais le Saint-Esprit m'y avait conduit. C'est dans le Psaume 18, verset 4 : ***Je m'écrie : Loué soit l'Éternel ! Et je suis délivré de mes ennemis.***

Le mot ***louer*** utilisé ici par David est ***halal*** en hébreu, un terme qui signifie célébrer avec émotion et de manière extravagante. Cela signifie littéralement s'enthousiasmer, être exubérant, sauter, danser, faire du bruit, voire « faire des folies » pour rendre gloire à Dieu. Une image qui illustre bien ce concept est celle d'un sportif dans une équipe professionnelle. Imagine qu'il ne reste que quelques secondes à un match décisif, et que le score est égal. Il reçoit une passe, il déjoue le gardien et marque un but. Et là, la foule explose de joie, elle ***halal*** la victoire !

Dans le Psaume 18, David s'écrie, il crie haut et fort : ***Loué soit l'Éternel !*** et c'est alors qu'il expérimente sa délivrance, comme je l'ai moi-même expérimenté. Nous voyons également cette vérité dans 2 Chroniques 20, avec le roi Josaphat, qui découvre la clé de la victoire par la louange avec son peuple.

Dans Actes 16, Paul et Silas, en pleine prison, chantent et louent Dieu, et leurs chaînes sont brisées.

Il est certain que lorsqu'on se sent accablé, découragé, et oppressé, la louange n'est pas ce qui nous semble le plus naturel. Mais, si nous choisissons de louer, même dans la souffrance, je peux t'assurer que l'ennemi qui cherche à nous détruire sera confondu et terrassé !

Alors aujourd'hui, si la dépression tente de t'envelopper, fais-toi violence ! N'accepte pas ce sentiment. Prends une décision et passe à l'action. Et tu verras que la victoire que Dieu t'accordera viendra. Lorsque tu choisis de le louer, c'est lui qui combat pour toi !

Comme le dit Ésaïe 61:3 : ***« ...pour leur donner un vêtement de louange au lieu d'un esprit abattu... »***

Choisis aujourd'hui de louer le Seigneur ! Ta liberté a été payée à la croix. Alors ne laisse plus la dépression t'écraser une seconde de plus. Fais de la louange ton arme puissante contre l'ennemi. Tu es plus que vainqueur par celui qui t'a aimé !

LECTURES COMPLÉMENTAIRES

2 Chroniques 20:1-30

Louange et victoire : L'histoire de Josaphat.

Actes 16:10-40

La libération miraculeuse de Paul et Silas par la louange

CHAPITRE SEPT

QUAND LA FOI DÉPASSE LA RAISON

SAMUEL

« L'Éternel marchera lui-même devant toi, il sera lui-même avec toi, il ne te délaissera point, il ne t'abandonnera point; ne crains point, et ne t'effraie point. » Deutéronome 31:8

Est-ce qu'il t'est déjà arrivé de te sentir ni au bon endroit ni au bon moment ? Comme si tu étais en train de passer à côté de ta destinée ? Laisse-moi te raconter mon histoire et les événements qui m'ont poussé à poser des gestes de foi qui ont complètement changé ma vie.

Me voici, dans la mi-vingtaine. J'étais heureux dans mon couple, ma famille et mon église. Tout allait bien. Mais chaque jour, je me levais pour aller travailler pour mon employeur de l'époque, une grande compagnie d'assurance. J'avais un excellent salaire et de très bonnes conditions de travail. Cependant, les jours passaient. Les jours devenaient des semaines, les semaines des années. Pendant tout ce temps, ce qui me passionnait vraiment, c'était Jésus. Je rêvais de le servir, de me consacrer à la louange, de mettre ma créativité et mes dons au service de l'église et de la communauté. Je rêvais de ce moment où ma vie changerait, mais j'étais coincé dans une routine confortable, un *statu quo*, et j'avais peur de ce changement.

Cela me rappelle l'histoire de Gédéon. Dans Juges 6, la Bible raconte que les Israélites vivaient une grande misère à cause de l'oppression des Madianites. Ils manquaient de tout et devaient se cacher dans des endroits reculés pour se protéger. Ils étaient dans une situation inconfortable, et Israël avait désespérément besoin de changement.

C'est alors que l'ange de l'Éternel apparaît à Gédéon. Il lui dit: ***L'Éternel est avec toi, vaillant héros !*** (Juges 6:12). Gédéon, surpris, lui répond : ***Ah ! Mon Seigneur, si l'Éternel est avec nous, pourquoi tout cela nous est-il arrivé ? Où sont tous ses prodiges que nos pères nous racontent, en disant : L'Éternel ne nous a-t-il pas fait monter hors d'Égypte ? Maintenant, l'Éternel nous abandonne et nous livre entre les mains de Madian.*** (Juges 6:13).

L'ange reprend : ***Va avec la force que tu as et délivre Israël de la main de Madian ; n'est-ce pas moi qui t'envoie ?*** (Juges 6:14). Mais Gédéon, toujours hésitant, répond : « ***Ah ! Mon Seigneur, avec quoi délivrerai-je Israël ? Voici, ma famille est la plus pauvre en Manassé, et moi, je suis le plus petit dans la maison de mon père.*** (Juges 6:15).

Alors, l'Éternel lui dit : ***Mais je serai avec toi, et tu battras Madian comme un seul homme.*** (Juges 6:16).

Gédéon entre alors dans un dialogue avec Dieu, exposant ses peurs et son sentiment d'inadéquation. Mais la réponse de Dieu reste claire : ***Fais-moi confiance, je serai avec toi.*** Lorsqu'on active notre foi et que l'on croit que Dieu est avec nous, cela change tout. Même si les pronostics sont contre nous, on peut avancer avec assurance.

Pour revenir à mon histoire, à l'occasion d'une conférence, une femme de Dieu m'a demandé comment mes projets avançaient. Je lui ai expliqué que la situation n'était pas encore idéale et que c'était compliqué de faire ce changement. Elle m'a répondu : *La réponse à notre foi vient toujours après nos gestes de foi.* Ces paroles ont profondément touché mon cœur. J'ai ressenti une conviction claire : je devais poser un geste, sauter dans le vide, sortir de la barque.

J'avais la conviction dans mon cœur que **Dieu serait avec moi**. Après ce week-end, de retour au travail, j'ai eu la joie d'écrire ma lettre de démission. Dès ma première semaine sans emploi dans le secteur financier, des amis nous ont appelés pour nous offrir un emploi dans leur église. Pour moi, c'était le sceau de Dieu, sa réponse au geste de foi que je venais de poser.

Aujourd'hui, je veux t'encourager à consulter Dieu et à agir. Sois prompt à obéir et persévère dans les promesses de Dieu pour ta vie. Refuse le *statu quo* et les zones de confort dans ta vie. Dis oui au plan extraordinaire que Dieu a pour toi.

PRIÈRE

Seigneur, merci de marcher devant moi et de m'assurer que tu es avec moi dans chaque étape de ma vie. Je te confie mes craintes et mes hésitations, et je choisis de mettre ma foi en toi. Aide-moi à reconnaître ta voix, à obéir rapidement et à poser des gestes de foi qui honorent tes plans pour ma vie. Que ta présence me donne la force et l'assurance d'avancer, peu importe les défis. Au nom de Jésus. Amen.

LECTURES COMPLÉMENTAIRES

Juges 6: 1-24
Hébreux 11:6

CHAPITRE HUIT

L'ATTITUDE DE LA VICTOIRE

ÉMILIE

As-tu déjà eu l'impression que, malgré tous tes efforts, rien ne progresse comme tu le souhaiterais ? Tu te sens loin d'accomplir les rêves que Dieu a placés dans ton cœur.

La réalité, c'est que nous recevons nos promesses par la foi. Et cette foi se manifeste à travers nos actions ainsi que notre attitude face aux épreuves de la vie. Un exemple puissant dans la Bible, d'intégrité et de résilience dans l'adversité, est celui de Joseph. Dans Genèse 37 à 39, nous découvrons un jeune homme à qui Dieu a donné de grands rêves. Mais avant d'atteindre ses promesses, Joseph a traversé des situations extrêmement difficiles comme la trahison, l'esclavage, et même l'emprisonnement. Tout semblait jouer contre lui. Et pourtant, son attitude face à l'adversité a fait toute la différence dans sa vie. Plutôt que de sombrer dans le découragement, Joseph a choisi de rester fidèle à Dieu. Sa foi, sa confiance en Dieu, sa ténacité et son engagement à toujours donner le meilleur de lui-même — même dans l'injustice — l'ont conduit du statut d'esclave à celui de chef de la nation.

Joseph a été trahi et vendu par ses propres frères. Il a été abandonné alors qu'il n'était encore qu'un adolescent. De fils bien-aimé, choyé par son père, il est devenu soudainement un jeune esclave. Imaginons un instant ce que Joseph a dû surmonter : il avait toutes les raisons du monde de sombrer dans la dépression ou l'apitoiement. Pourtant, il a choisi de ne pas se laisser abattre. Il a placé sa confiance en Dieu et manifesté sa foi à travers ses actions et son attitude. Il a travaillé avec excellence, servant fidèlement là où il était placé. Même dans des circonstances injustes, il a mis au profit des autres les dons et talents qu'il avait reçus de Dieu.

Comme il est écrit dans Colossiens 3:23 : ***Tout ce que vous faites, faites-le de tout votre cœur, comme pour le Seigneur et non pour des hommes.*** (S21)

Tout au long de son parcours, Joseph a marché avec loyauté, fidélité et intégrité. Il n'a pas baissé les bras, et grâce à son attitude et à son dévouement, Joseph est passé d'esclave à chef de maison, puis de prisonnier à administrateur de la prison. Finalement, il a été élevé au rang de premier ministre d'Égypte.

Avez-vous remarqué un schéma ici ? Parfois, comme Joseph, nous pouvons avoir l'impression de régresser, même après avoir adopté la bonne attitude. Mais notre Dieu est un Dieu qui voit, et il nous récompensera au temps convenable !

La Bible dit dans Proverbes 4:23 : ***Garde ton cœur plus que toute autre chose, car de lui viennent les sources de la vie.***

Dans ma propre vie, j'ai vécu plusieurs situations d'injustice, de trahison ou de blessures. J'ai dû me ressaisir et garder mon cœur afin de ne pas l'entraver par la médisance ou le manque de pardon. J'ai choisi le chemin de l'amour et décidé de toujours donner le meilleur de moi-même. Et je peux t'assurer que j'en ai vu les fruits. Alors, ne perds pas courage ; continue à donner le meilleur de toi-même ! Laisse Dieu lui-même, te rendre justice et te tracer le chemin.

Nous sommes responsables de gérer notre caractère et nos émotions ; Dieu, Lui, s'occupe d'accomplir l'impossible !

PRIÈRE

Père, merci pour ta présence dans ma vie. Je fais le choix aujourd'hui de marcher dans l'intégrité et la justice. Je crois dans la puissance surnaturelle de ta Parole, sachant que ce que tu as dit, tu l'accompliras. Je te demande pardon si j'ai accepté de l'offense à cause de blessures. Je te fais confiance et je sais que tu es celui qui me rend justice. Merci pour la grâce surnaturelle qui m'accompagne tous les jours de ma vie. Amen.

LECTURE COMPLÉMENTAIRE

Genèse 37-39 — Plonge dans le récit complet de Joseph pour mieux comprendre la profondeur de son parcours.

CHAPITRE NEUF

CHRIST EN TOI, L'ESPÉRANCE DE LA GLOIRE

SAMUEL

« Car je connais les projets que j'ai formés sur vous, dit l'Éternel, projets de paix et non de malheur, afin de vous donner un avenir et de l'espérance. » Jérémie 29:11

As-tu réalisé que tu fais partie du plan de Dieu pour révéler Sa gloire ? Aujourd'hui, je veux t'encourager à être pleinement toi-même. Le Dieu de l'univers connaît les projets qu'il a formés pour ta vie. Il t'a jugé si précieux qu'il a conçu des plans spécifiques pour toi, non seulement pour te donner un avenir et de l'espérance, mais aussi pour manifester Sa gloire à travers toi.

Pourtant, il est fréquent de se focaliser sur ce que nous n'avons pas, plutôt que d'apprécier ce que Dieu nous a déjà donné. Cette tendance ne se limite pas aux possessions matérielles ; elle touche aussi nos personnalités, nos dons et nos talents.

Le véritable danger apparaît lorsque nous nous laissons piéger par la comparaison. Fixer nos regards sur ce que nous pensons manquer ouvre la porte à l'envie, la jalousie, l'anxiété de performance et l'insécurité. Surtout, cela détourne notre attention de Dieu. Nos yeux s'éloignent alors de Jésus et de cette vérité essentielle : Christ en nous, l'espérance de la gloire. (Colossiens 1:27) Il est temps de faire taire le bruit des opinions extérieures et même celles que nous entretenons sur nous-mêmes. L'essentiel est de rechercher Dieu.

Mets de côté la comparaison, éloigne-toi un instant des distractions et concentre-toi sur la voix du Bon Berger. Jésus nous dit dans Jean 10:27 : ***Mes brebis entendent ma voix ; je les connais, et elles me suivent.***

La solution dont le monde a besoin n'est pas que chacun entre dans un moule, mais que chacun embrasse pleinement l'unicité pour laquelle Dieu l'a créé. Voici une grande vérité : la seule personne qui peut être toi, c'est toi ! Ne cherche pas à devenir quelqu'un d'autre. Bien sûr, nous devons toujours grandir, progresser et être transformés, mais sans renier notre véritable identité. Nous sommes appelés à vivre avec authenticité, reflétant pleinement ce que Dieu a déposé en nous.

Regarde comment Jésus s'adresse à ces deux frères pêcheurs : ***Il leur dit : Suivez-moi, et je vous ferai pêcheurs d'hommes.*** (Matthieu 4:19)

Ce passage contient une clé : Jésus dit « *Suis-moi* » et « *Je ferai de vous* » . C'est en suivant Jésus, et non par nos propres efforts, que nous découvrons notre véritable identité.

En gardant tes yeux fixés sur Jésus, tu développeras cette saveur unique que le monde a besoin de voir : celle d'un enfant de Dieu, marchant avec un esprit renouvelé, portant en lui la pensée de Christ tout en étant pleinement lui-même.

Alors, sois toi-même, reflète ta propre saveur, car Christ en toi, c'est l'espérance de la gloire !

PRIÈRE

Seigneur, je te remercie d'avoir été intentionnel dans ma création. Tu m'as façonné tel que je suis, avec soin et amour. Aujourd'hui, je choisis de rejeter la comparaison et de célébrer l'unicité de la personne que tu as faite de moi. Je décide de fixer mes yeux sur toi et d'écouter ta voix, car c'est en toi que je trouve ma véritable identité. Transforme mon cœur et renouvelle mon intelligence afin que je puisse discerner ta volonté et marcher dans la pleine expression de ce que tu as prévu pour ma vie. Je déclare que je suis ton enfant, aimé, appelé et équipé pour un but divin. Amen.

LECTURES COMPLÉMENTAIRES

Psaume 139:13-14

Tu es une créature merveilleuse, formée par Dieu.

2 Corinthiens 10:12

Se comparer aux autres n'est pas sage.

Galates 1:10

Ne cherche pas à plaire aux hommes, mais à Dieu.

Éphésiens 2:10

Tu as été créé en Christ pour de bonnes œuvres.

1 Pierre 2:9

Tu es un peuple acquis, appelé à briller.

CHAPITRE DIX

Comment va ton cœur ?

ÉMILIE

La Bible nous encourage dans Proverbes 4:23 à garder notre cœur plus que toute autre chose, car de lui jaillissent les sources de la vie. Il est essentiel d'apprendre à s'arrêter régulièrement pour examiner l'état de notre cœur et s'assurer qu'il est en bonne santé spirituelle. Proverbes 17:22 nous rappelle : ***Un cœur joyeux est un bon remède, mais un esprit abattu dessèche les os.***

Nous pouvons si facilement être submergés par nos nombreuses responsabilités familiales, professionnelles ou même dans le service à l'église que nous oublions parfois de prendre le pouls de notre cœur. Sans nous en rendre compte, nous accumulons de petites choses : des inquiétudes, des blessures, des incompréhensions qui semblent insignifiantes au premier abord. Pourtant, avec le temps, si elles ne sont pas gérées, elles peuvent alourdir notre âme et voler cette joie précieuse qui est notre force, comme le dit Néhémie 8:10. C'est pourquoi nous devons prendre le temps de nous arrêter chaque jour pour nous ressourcer dans la présence de Dieu, être rafraîchis et restaurés. Psaume 139:23-24 nous invite à cette introspection : ***Ô Dieu, regarde au fond de mon cœur et connais-moi, examine mes pensées et vois mes soucis. Regarde si je suis sur un chemin dangereux, et conduis-moi sur le bon chemin, le chemin de la vie.*** (PDV2017)

L'EXEMPLE DE MARTHE ET MARIE

Cette réflexion me rappelle l'histoire de Marthe et Marie, racontée dans Luc 10:38-42. Alors que Jésus et ses disciples s'étaient arrêtés chez elles, Marthe s'affairait à mille tâches pour bien les recevoir. Pendant ce temps, Marie choisit de s'asseoir aux pieds de Jésus pour écouter ses paroles. Marthe, frustrée, demanda à Jésus d'intervenir pour que sa sœur l'aide. Mais Jésus lui répondit :

« Marthe, Marthe, tu t'inquiètes et tu t'agites pour beaucoup de choses. Une seule est nécessaire. Marie a choisi la meilleure part, et elle ne lui sera pas enlevée. » Luc 10:41-42

Cela signifie-t-il que Jésus ne valorise pas notre travail pour Lui ? Bien sûr que non ! Mais Il nous rappelle que notre priorité doit être de nous arrêter dans sa présence avant toute chose. Il sait combien cela est essentiel pour avoir une vie abondante. Psaume 46:11 nous exhorte d'ailleurs : ***« Arrêtez, et sachez que je suis Dieu. »***

UN APPEL À LA RESTAURATION

Peut-être que ton cœur est fatigué, sec ou alourdi par les défis de la vie. Peut-être ressens-tu le besoin d'être rafraîchi et restauré. Si c'est le cas, viens te blottir auprès de ton Sauveur. Il t'aime d'un amour infini et désire t'envelopper de Sa paix. Psaume 34:19 nous assure : ***L'Éternel est près de ceux qui ont le cœur brisé, et il sauve ceux qui ont l'esprit dans l'abattement.***

Jésus Lui-même nous lance cette invitation dans Matthieu 11:28-29 : ***Venez à moi, vous tous qui êtes fatigués et accablés, vous qui êtes déprimés, parce que vous ployez sous un fardeau trop lourd, et je vous donnerai du repos. Acceptez de vous laisser diriger par moi***

et mettez-vous à mon école, car, de tout mon cœur, je suis doux et humble. Ainsi, votre vie trouvera son épanouissement dans le repos. (PVI)

SE REPOSER EN LUI

Prendre soin de son cœur est indispensable pour vivre dans la paix et la joie chaque jour. Cela fait partie du repos auprès du Seigneur. Autrement dit, il s'agit d'un cœur à cœur dans le lieu secret où il restaure notre âme. Il y a un temps pour travailler et un temps pour se reposer en Lui. Comme nous dit Jean 10:9 et le Psaume 23, Jésus est notre bon Berger, la porte par laquelle nous pouvons entrer librement pour trouver des pâturages. Dans cette intimité avec Lui, nous trouvons force et renouvellement. Aujourd'hui, prends le temps de venir à ses pieds. Il est là, prêt à te restaurer et à remplir ton cœur de sa vie abondante.

PRIÈRE

Père céleste, aujourd'hui, je choisis de venir à tes pieds, comme Marie l'a fait. Je viens m'asseoir dans ta présence, car je reconnais que c'est là mon plus grand bien. Je laisse tes eaux vives rafraîchir mon cœur et apaiser mon âme. Je dépose devant toi mes fardeaux, mes blessures et mes inquiétudes. En échange, je reçois ta paix, ton *shalom* qui signifie : rien de brisé, rien de manquant. Oui, j'ai tout pleinement en toi. Dans le nom de Jésus, Amen.

LECTURES COMPLÉMENTAIRES

Luc 10:38-42

« Comme Jésus était en chemin avec ses disciples, il entra dans un village, et une femme, nommée Marthe, le reçut dans sa maison. Elle avait une sœur, nommée Marie, qui, s'étant assise aux pieds du Seigneur, écoutait sa parole. Marthe, occupée à divers soins domestiques, survint et dit: Seigneur, cela ne te fait-il rien que ma sœur me laisse seule pour servir? Dis-lui donc de m'aider. Le Seigneur lui répondit: Marthe, Marthe, tu t'inquiètes et tu t'agites pour beaucoup de choses. Une seule chose est nécessaire. Marie a choisi la bonne part, qui ne lui sera point ôtée. »

Psaume 23:1-3 (BDS)

« L'Eternel est mon berger. Je ne manquerai de rien.
Grâce à lui, je me repose dans des prairies verdoyantes,
et c'est lui qui me conduit au bord des eaux calmes.
Il me revigore, et, pour l'honneur de son nom,
il me conduit sur le droit chemin.

Hébreux 4:11

« Efforçons-nous donc d'entrer dans ce repos »

Jean 10:9-10

« C'est moi qui suis la porte. Celui qui entre par moi sera sauvé : il pourra aller et venir librement, il trouvera de quoi se nourrir. Le voleur vient seulement pour voler, pour tuer et pour détruire. Moi, je suis venu afin que les hommes aient la vie, une vie abondante. »

CHAPITRE ONZE

COMME JÉSUS

SAMUEL

« Quand on tourne vers lui les regards, on est rayonnant de joie, Et le visage ne se couvre pas de honte. » Psaumes 34:6

NOTRE PLUS GRANDE SOURCE D'INSPIRATION

Dans notre quête de sens et de direction, nous cherchons souvent des modèles à suivre. Que ce soit des figures de réussite, des leaders inspirants ou des mentors, nous voulons des repères qui nous montrent la voie. Bien qu'il n'y a rien de mal à ça, la Bible nous enseigne que la plus grande source d'inspiration devrait toujours être Jésus lui-même. Paul nous rappelle cette vérité essentielle : ***Soyez mes imitateurs, comme je le suis moi-même de Christ.*** (1 Corinthiens 11:1)

Jésus n'agissait pas selon les attentes du monde, mais selon la volonté du Père. Il disait : ***Le Fils ne peut rien faire de lui-même, il***

ne fait que ce qu'il voit faire au Père. (Jean 5:19)
Cette dépendance totale à Dieu était au cœur de sa mission. Il ne poursuivait pas son propre agenda, mais accomplissait fidèlement les œuvres préparées par son Père.

IMITER LE CARACTÈRE DE JÉSUS

Si nous voulons être comme Jésus, adoptions premièrement son caractère. Dans Matthieu 11:29, il nous donne un aperçu de son cœur : ***Je suis doux et humble de cœur, et vous trouverez du repos pour vos âmes.***

Jésus était rempli de compassion. Il voyait les besoins des autres avant même qu'ils ne parlent. Lorsqu'il a nourri les foules (Matthieu 14:14-21), guéri les malades, ou pleuré devant la tombe de Lazare (Jean 11:35), notre sauveur n'était jamais indifférent.

Il ne regardait pas les apparences ni les statuts sociaux. Alors que les pharisiens méprisaient les pécheurs et les marginaux, Jésus mangeait avec eux, leur tendait la main et voyait leur valeur intrinsèque. Lorsque Zachée, un collecteur d'impôts rejeté, a cherché à voir Jésus, c'est Jésus lui-même qui l'a interpellé et lui a offert une nouvelle vie (Luc 19:1-10).

Imiter Jésus, c'est donc apprendre à voir les autres comme il les voit : avec amour et espoir.

MARCHER DANS LA MISSION DE JÉSUS

Mais suivre Jésus ne concerne pas seulement notre caractère ; cela touche aussi notre mission. Jésus est venu non pour être servi, mais pour servir (Marc 10:45). Sa vie entière était une offrande à Dieu.

« Ma nourriture est de faire la volonté de celui qui m'a envoyé et d'accomplir son œuvre. » Jean 4:34

Lorsqu'on marche dans la mission de Dieu, on découvre une satisfaction profonde. Il y a une joie unique à vivre en symbiose avec Jésus, à accomplir ce pourquoi nous avons été créés. Comme lui, nous sommes appelés à aimer, à guérir, à proclamer la vérité et à refléter l'amour du Père.

LA JOIE D'ÊTRE EN CHRIST

Jésus nous a promis que, si nous restons attachés à lui, nous porterons du fruit et expérimenterons une joie complète : ***Je vous ai dit ces choses, afin que ma joie soit en vous, et que votre joie soit parfaite.*** (Jean 15:11)

Il ne s'agit donc pas d'un simple effort humain pour ressembler à Jésus, mais d'une relation vivante avec lui. Plus nous restons près de lui, plus nous sommes transformés à son image, et plus nous expérimentons la plénitude de la vie qu'il offre.

FIXER NOS YEUX SUR JÉSUS

Nous avons tant de modèles humains autour de nous, mais aucun n'égale la perfection, l'amour et la sagesse de Christ. Hébreux 12:2 nous donne cette clé précieuse : ***Gardons les yeux fixés sur Jésus, qui nous a ouvert le chemin de la foi.*** (BDS)

En lui, nous trouvons tout ce dont nous avons besoin : l'exemple à suivre, la force pour avancer et la joie véritable. Avec Jésus, la vie est si belle et si simple ! Fixons nos regards sur lui, mettons toute notre énergie à lui ressembler, et la vie de Christ jaillira à travers nous !

SEPT VERSETS « COMME JÉSUS »

1. **Romains 8:29** — *« Car ceux qu'il a connus d'avance, il les a aussi prédestinés à être conformes à l'image de son Fils, afin qu'il soit le premier-né entre plusieurs frères. »*

2. **Éphésiens 5:1-2** — *« Devenez donc les imitateurs de Dieu, comme des enfants bien-aimés ; et marchez dans l'amour, à l'exemple de Christ, qui nous a aimés et s'est livré lui-même à Dieu pour nous comme une offrande et un sacrifice de bonne odeur. »*

3. **Philippiens 2:5-7** — *« Ayez en vous les sentiments qui étaient en Jésus-Christ, lequel, existant en forme de Dieu, n'a point regardé comme une proie à arracher d'être égal avec Dieu, mais s'est dépouillé lui-même, en prenant une forme de serviteur, en devenant*

semblable aux hommes. »

4. **1 Jean 2:6** — *« Celui qui dit qu'il demeure en lui doit marcher aussi comme il a marché lui-même. »*

5. **2 Corinthiens 3:18** — *« Nous tous qui, le visage découvert, contemplons comme dans un miroir la gloire du Seigneur, nous sommes transformés en la même image, de gloire en gloire, comme par le Seigneur, l'Esprit. »*

6. **Colossiens 3:12-13** — *« Ainsi donc, comme des élus de Dieu, saints et bien-aimés, revêtez-vous d'entrailles de miséricorde, de bonté, d'humilité, de douceur, de patience. Supportez-vous les uns les autres, et, si l'un a sujet de se plaindre de l'autre, pardonnez-vous réciproquement. De même que Christ vous a pardonné, pardonnez-vous aussi. »*

7. **Jean 13:14-15** — *« Si donc je vous ai lavé les pieds, moi, le Seigneur et le Maître, vous aussi, vous devez vous laver les pieds les uns aux autres ; car je vous ai donné un exemple, afin que vous fassiez comme je vous ai fait. »*

CHAPITRE DOUZE

Mon Dieu : Celui qui pourvoit !

ÉMILIE

Suivre le chemin de la foi n'est pas toujours facile. Parfois, les défis qui se dressent devant nous peuvent nous effrayer et ébranler notre foi. Permets-moi de t'encourager à persévérer et à t'appuyer fermement sur les promesses de Dieu pour ta vie. Dieu n'est pas un homme pour mentir ; Il est Tout-Puissant, et ce qu'il a dit, il l'accomplira.

Je me souviens du moment où le Seigneur a parlé à mon mari et à moi, nous demandant de quitter l'église où nous servions à Québec afin de déménager sur la Rive-Sud de Montréal pour y œuvrer dans le ministère. Le salaire était modeste, mais Dieu nous avait confirmé sa volonté à travers divers signes et paroles prophétiques. Remplis de force et de courage, nous avons donc embrassé ce chemin de foi, marchant dans l'obéissance de sa voix. Les défis qui nous attendaient étaient grands, mais Dieu, dans sa grâce et sa bonté, nous a soutenus et enseignés la marche par la foi, pour ce faire nous nous sommes appuyés sur sa Parole et ses promesses.

Peu avant notre départ, nous avons reçu une parole prophétique affirmant que Dieu pourvoirait à tous nos besoins. Il nous avait montré qu'Il le ferait notamment par des montants précis de 1 000 $. À l'instant où j'ai entendu cette parole, j'ai été émerveillée ! Mais j'ai vite compris que je devais m'y accrocher fermement par la foi, car les deux années qui suivaient ont été les plus éprouvantes de notre vie sur le plan financier. Pourtant, Dieu restait fidèle à sa Parole. Oui, il est notre bon Berger ! Si nous plaçons notre confiance en lui, nous ne manquerons de rien.

Maintenir notre foi en ses promesses n'a pas été sans défis. L'ennemi cherchait à nous voler, à nous détruire et à nous détourner de la volonté de Dieu. Mais nous savions que Jésus est venu pour nous donner la vie en abondance – voilà notre héritage, comme le rappelle Jean 10:10. Lorsque Dieu nous donne une parole pour une saison, c'est parce qu'elle est essentielle. Nous devons nous y attacher fermement, persévérer dans la déclaration de sa Parole et demeurer dans l'action de grâce et la reconnaissance.

La première fois que nous avons reçu cette somme divine — le montant de 1000 $ mentionné précédemment dans la parole prophétique — c'était juste avant l'hiver. Au Québec, les hivers sont rigoureux et entraînent de nombreuses dépenses : la maison, la voiture, les vêtements d'hiver pour toute la famille... Cependant, nous n'avions pas les fonds nécessaires pour y faire face.

Une nuit, Samuel a eu un rêve dans lequel une personne proche lui remettait une enveloppe remplie d'argent. Et le lendemain, cette même personne est venue lui donner précisément la somme de 1000 $! Ce montant exact a été non seulement une immense bénédiction, mais aussi un rappel tangible de la fidélité de Dieu et de la promesse qu'il nous avait faite.

Cette saison n'a pas été facile. Les défis financiers étaient bien réels, et chaque jour nous devions faire confiance à Dieu d'une manière nouvelle. C'était une marche d'obéissance, un chemin de foi où nous devions choisir de croire sans voir, de nous appuyer entièrement sur sa Parole et non sur nos circonstances. Personne ne connaissait nos défis, car nous avions choisi de garder cela entre nous et Dieu. Nous avions décidé de garder les yeux fixés seulement sur Jésus. Nous croyions que si Dieu nous demandait de faire des pas de foi, alors il pourvoirait comme il l'avait promis. Et Il l'a fait, avec fidélité et précision, encore et encore.

Il est *Yahweh-Jireh*, celui qui comble tous nos besoins selon sa richesse, avec gloire, en Jésus-Christ.

« Réjouissez-vous en tout temps de tout ce que le Seigneur est pour vous. Oui, je le répète, soyez dans la joie. Faites-vous connaître par votre amabilité envers tous les hommes. Le Seigneur est proche. Ne vous mettez en souci pour rien, mais, en toute chose, exposez vos demandes à Dieu en lui adressant vos prières et vos supplications, tout en lui exprimant votre reconnaissance.

Alors la paix de Dieu, qui surpasse tout ce qu'on peut concevoir, gardera votre cœur et votre pensée sous la protection de Jésus-Christ. [...] Aussi, mon Dieu subviendra pleinement à tous vos besoins ; il le fera, selon sa glorieuse richesse qui se manifeste en Jésus-Christ. A notre Dieu et Père soit la gloire dans tous les siècles ! Amen ! » Philippiens 4:4-7,19-20 (BSD)

Même lorsque les défis semblent insurmontables et que l'avenir paraît incertain, n'oublie pas que Dieu veille sur toi. Alors, ne t'inquiète pas pour tes finances. Reste fidèle et obéissant à sa voix. Sers le Seigneur avec loyauté, là où il t'a appelé. Tiens-toi fermement à ses promesses, car il est fidèle et juste pour les accomplir !

PRIÈRE

Seigneur, je choisis de mettre toute ma confiance en toi, car tu es mon fidèle pourvoyeur. Je rejette la peur et l'inquiétude concernant mes finances. Tu es *Yahweh-Jireh*, et tu pourvois à tous mes besoins selon ta richesse, avec gloire en Jésus-Christ. Je choisis de te faire confiance et de marcher par la foi, et non par la vue, sachant que tu prends soin de moi avec amour et précision. Amen !

LECTURES COMPLÉMENTAIRES

Matthieu 6:25-34
« Cherchez d'abord le royaume de Dieu,
et tout le reste vous sera donné en plus. »

Psaume 37:25
« Je n'ai jamais vu le juste abandonné,
ni sa descendance mendier son pain. »

Malachie 3:10
« Mettez Dieu à l'épreuve par la dîme
et voyez s'Il n'ouvrira pas les écluses des cieux,
et ne vous comble pas avec surabondance de ma bénédiction. »

2 Corinthiens 9:8
« Dieu peut vous combler de toutes sortes de grâces pour que vous

ayez toujours en toutes choses de quoi satisfaire à vos besoins. »

CHAPITRE TREIZE

DÉPENDANT DE LUI

SAMUEL

Il y a des leçons que l'on apprend par l'expérience, et celle-ci a été l'une des plus marquantes de ma vie.

Lorsque nous nous sommes mariés, Émilie et moi, Dieu nous a conduits vers une église qui avait de nombreux besoins. Il n'y avait aucun groupe de jeunesse. Nous ressentions un appel au ministère et, voyant cette lacune, nous avons entrepris de démarrer un groupe de jeunes avec la bénédiction du pasteur.

Désireux de bien faire, nous avons tout donné : nous menions déjà une vie bien remplie avec nos emplois à temps plein, la rénovation de notre maison et notre implication dans le ministère de louange. À cela, nous avons ajouté des études au collège biblique et la gestion d'un groupe jeunesse. Nous avions un peu d'expérience en leadership, et je m'informais et lisais tout ce qui était disponible sur la réussite d'un groupe jeunesse. J'ai donc pris tout ce que j'avais lu et expérimenté dans le passé, et nous avons tout mis en place. Nous avons gardé ce rythme pendant environ un an, et ça fonctionnait très bien.

J'ai mis en place des stratégies humaines dans un contexte spirituel, et nous avons vu des résultats concrets. Mais après un an, j'ai tout abandonné. Je n'arrivais plus à supporter la pression spirituelle et la responsabilité qui pesait sur mes épaules. Était-ce assez bon ? Les jeunes allaient-ils se faire de bons amis dans le groupe ? Mon enseignement était-il suffisant ? Certains allaient-ils s'éloigner faute d'en avoir pas fait assez ?

J'ai fini par comprendre que, bien que mes intentions aient été bonnes et que j'aie été dans la volonté de Dieu, j'opérais à partir de la mauvaise source. Tout reposait sur mes propres forces, mes stratégies et ma compréhension. Mais le royaume de Dieu ne fonctionne pas sur la performance humaine, il fonctionne sur la dépendance à Dieu. Donc, même si Dieu me donne compétence et connaissance, je dois être dépendant de lui.

Dans Proverbes 3:5-6, il est écrit : ***Confie-toi de tout ton cœur au Seigneur, ne te base pas sur ta propre intelligence. Reconnais-le dans toutes tes voies, et il aplanira tes sentiers.*** (NBS)

J'avais 22 ans à l'époque. Dans mon cœur, j'avais décidé que je ne voulais plus jamais entendre parler du ministère, à l'exception de la louange. Mais Dieu n'en avait pas fini avec moi et il a opéré une œuvre de restauration dans ma vie.

Quelques années plus tard, un prophète est venu dans notre église. Après plusieurs jours de conférences, il a prophétisé sur moi en déclarant : *Ne t'inquiète pas, ce n'est pas pour tout de suite, mais tu seras pasteur.* Ma première réaction a été de rejeter cette parole. Je me suis dit : *Non, non, ce n'est pas pour moi. Tu t'es trompé de personne. Moi, je ne veux plus rien savoir de ça.* Mais Dieu m'a repris avec sa tendresse habituelle. Il m'a rappelé cette parole dans Zacharie 4:6 : ***Ce n'est ni par la puissance ni par la force, mais c'est par mon esprit, dit l'Éternel des armées.***

Le combat est spirituel, et je devais non seulement œuvrer pour Dieu, mais surtout œuvrer par Dieu.

J'aime ces paroles de Jésus dans Jean 15:5 : ***Celui qui demeure en moi et en qui je demeure porte beaucoup de fruit, car sans moi vous ne pouvez rien faire.*** (S21)

Si nous tentons d'accomplir notre appel uniquement par nos propres moyens, tôt ou tard, nous atteindrons nos limites. Mais lorsque nous apprenons à dépendre de Dieu, nous pouvons alors avoir l'assurance de porter du fruit sur le long terme.

Si tu as l'impression d'avoir échoué ou de ne pas être à la hauteur, rappelle-toi que ton histoire n'est pas terminée. Repens-toi, apprends et avance. Avec humilité, reconnais simplement Dieu dans toutes tes voies aujourd'hui, et il aplanira tes sentiers !

LECTURES COMPLÉMENTAIRES

Proverbes 16:3

« Recommande à l'Éternel tes œuvres, et tes projets réussiront. »

Ésaïe 41:10

« Ne crains rien, car je suis avec toi ;
ne promène pas des regards inquiets, car je suis ton Dieu ;
je te fortifie, je viens à ton secours,
je te soutiens de ma droite triomphante. »

Psaumes 37:5

« Recommande ton sort à l'Éternel,
mets en lui ta confiance, et il agira. »

CHAPITRE QUATORZE

CONNAITRE TA VALEUR

ÉMILIE

Connais-tu ta valeur et sais-tu combien tu es aimé de Dieu ?

Notre valeur ne devrait jamais être déterminée par les tendances de la société, la couleur de notre peau, notre sexe, ce que les gens disent de nous, nos accomplissements, notre statut social, notre portefeuille, ou même nos erreurs. Notre valeur est déterminée par qui nous sommes. Et ce que nous sommes, nous vient de Dieu.

Il est écrit dans Genèse 1:26 que Dieu créa les humains à son image. Nous sommes créés à l'image de Dieu. Te rends-tu compte que Dieu lui-même, avec amour et passion, t'a façonné sur mesure ? Tu es unique ! Tu es une créature merveilleuse conçue par Dieu lui-même pour refléter sa gloire sur la terre. Dans Ésaïe 43:4, le Seigneur déclare que tu as de la valeur à ses yeux, que tu as de l'importance pour lui et qu'il t'aime.

En 1 Corinthiens 7:23, il est écrit : ***Vous avez été rachetés à un grand prix ; alors ne devenez pas esclaves des hommes.***

As-tu déjà pensé au prix que Dieu a payé pour te racheter de la mort ? Dieu a donné son propre Fils pour racheter ta vie ! Peux-tu imaginer, quelques secondes, ce que tu vaux ? La croix est la plus grande preuve de ta valeur. Alors ne vis plus une seule journée en te dévalorisant ou en laissant des propos dévalorisants t'atteindre.

En recevant Christ dans ta vie, tu es entré dans une alliance. Comme dans l'exemple d'un couple, Christ est l'Époux, et nous sommes son épouse. Dans cette communion avec lui, nous portons maintenant son nom et avons donc accès à tout l'héritage du Roi des rois, comme mentionné dans l'épître aux Éphésiens. Quand Dieu te regarde, il voit ce roi ou cette reine que tu es maintenant, dans ton union avec Jésus-Christ.

Dans Romains 5:17 (PDV), il est écrit : ***Oui, par un seul homme, par la faute d'un seul, la mort a frappé tout le monde. Mais par le seul Jésus-Christ, les êtres humains reçoivent beaucoup plus de Dieu : il leur donne gratuitement ses bienfaits et il les rend justes. Par le Christ, ils vivront et ils seront rois avec lui.***

Si on t'a déjà fait sentir, ou même dit, que tu étais une erreur, un accident, que tu n'avais pas de valeur, sache que cela n'est pas la vérité. Si l'on t'a rejeté ou abandonné, Dieu, lui, t'a désiré dès le ventre de ta mère. Tu es connu de Dieu, tu es aimé.

Dans ton union avec Jésus-Christ, Il fait de toi une reine ou un roi. Voilà ta véritable valeur ! Alors, ne vis plus un seul jour sans cette révélation de qui tu es en Lui ! Relève la tête : tu es né pour régner avec Christ, dans la droiture, l'amour et la compassion, à son image, afin de répandre à ton tour cette Bonne Nouvelle.

PRIÈRE

Seigneur, je te remercie de m'avoir créé avec tant d'amour et de soin. Je choisis aujourd'hui de vivre selon ton regard et de refléter ta gloire. Merci pour le prix que tu as payé pour moi à la croix. Je déclare haut et fort que je suis aimé et que j'ai une valeur royale.

LECTURES COMPLÉMENTAIRES

Genèse 1:26-27 — *« Dieu créa l'homme à son image, il le créa à l'image de Dieu. »*

1 Pierre 2:9 — *« Vous, au contraire, vous êtes une race élue, un sacerdoce royal. »*

Romains 5:17 — *« Ceux qui reçoivent l'abondance de la grâce régneront dans la vie par Jésus-Christ. »*

Éphésiens 1:11-14 — *« Nous sommes héritiers en Christ, ayant été prédestinés selon le plan de Dieu. »*

Éphésiens 2:6-7 — *« Dieu nous a ressuscités avec Christ et nous a fait asseoir dans les lieux célestes pour montrer les richesses incomparables de sa grâce. »*

DÉCLARATIONS

Proclame à haute voix ces déclarations avec foi, et prends un moment entre chacune pour les laisser résonner en toi. Que ces vérités transforment ton cœur et que la présence du Seigneur t'envahisse.

J'ai de la valeur, j'ai du prix aux yeux de Dieu.
(Ésaïe 43:4, Jean 3:16)

Je suis aimé de mon Père et ses regards se portent sur moi.
(Jérémie. 31:3, 1 Jean 3:1)

Je suis enfant de Dieu et je suis connu de lui
(Jean 1:12, Ésaie 43:1)

Je suis appelé à régner ici-bas en Christ.
(Romains 5:17, Apocalypse 5:10)

Il est rempli de joie à cause de moi et son amour me donne une vie nouvelle. (Sophonie 3:16-17)

Rien ne pourra me séparer de son amour,
car je suis l'objet de sa tendresse et de son affection sincère.
(Romains 8:38-39, Psaumes 103:8-9)

Je suis une créature merveilleuse,
créée à l'image de Dieu pour refléter sa gloire.
(Psaumes 139: 14, Ésaïe 60:1-2)

CHAPITRE QUINZE

La promesse du repos

SAMUEL

« Venez à moi, vous tous qui êtes fatigués de porter un lourd fardeau, et je vous donnerai le repos. Prenez sur vous mon joug et laissez-moi vous instruire, car je suis doux et humble de cœur, et vous trouverez le repos pour vous-mêmes. Le joug que je vous invite à prendre est facile à porter et le fardeau que je vous propose est léger. » Matthieu 11:28-30 (BFC)

As-tu réalisé que la Bible contient des promesses pour te donner du repos ?

Je me souviens du jour où Émilie et moi avons rencontré pour la première fois le pasteur Joël Spinks ainsi que son épouse, la pasteure Mathilde et le pasteur Gwen Dressaire. Certaines journées restent gravées dans notre mémoire, ce sont des moments où l'on ressent que Dieu a tout orchestré avec précision pour ouvrir un nouveau chapitre de notre vie. Malgré mon expérience dans le ministère, j'avais fini par accepter de vivre sous une pression constante et une fatigue liée aux nombreuses responsabilités. Mais lors de cette rencontre, Pasteure Mathilde m'a dit une phrase qui a marqué mon cœur : *La vie avec Jésus, ça doit être doux et léger.*

Cette parole a été une véritable révélation pour moi. J'ai compris que je devais apprendre à ne porter que le fardeau que Dieu me donne, celui qui est doux et léger. Ainsi, lorsque je ressens de la lourdeur ou du stress, je dois me réaligner et accepter que c'est Jésus qui porte la charge pour moi. Et c'est à ce moment-là que je retrouve la paix et le repos pour mon âme.

Il est écrit dans Ésaïe 40:31 : ***Mais ceux qui se confient en l'Éternel renouvellent leur force. Ils prennent leur vol comme les aigles ; Ils courent et ne se lassent point, Ils marchent et ne se fatiguent point.***

La réalité, c'est que nous traverserons tous des saisons de pression et de fatigue. Que ce soit un étudiant en fin de semestre, des parents de jeunes enfants ou un entrepreneur qui démarre son entreprise, chacun d'entre nous peut expérimenter l'épuisement et l'anxiété. Alors, comment tenir bon dans ces périodes exigeantes ? Le secret est dans cette invitation de Jésus : accepter uniquement le fardeau qui est doux et léger.

Dans Exode 33, Moïse se trouve dans une situation où Dieu lui confie une mission qui semble immense : délivrer Israël d'Égypte. Perplexe, il demande à Dieu qui Il enverra avec lui pour l'accompagner dans l'accomplissement de cette tâche.

« L'Éternel répondit : Je marcherai moi-même avec toi, et je te donnerai du repos. » Exode 33:14

Je te donnerai du repos. C'est une promesse pour toi aujourd'hui, et j'aimerais t'encourager comme l'Éternel a encouragé Moïse sur la montagne. Oui, la tâche ou la mission qui est devant toi peut sembler plus grande que tes forces, mais souviens-toi de cette promesse : Il est avec toi et veut te donner son repos.

Peu importe ce que tu traverses en ce moment, Dieu a prévu du repos pour toi. Même si l'immensité de ta destinée te semble écrasante, le fardeau qu'il place sur tes épaules est doux et léger.

PRIÈRE

Seigneur Jésus, je viens à toi tel que je suis. Je dépose mes fardeaux entre tes mains et je choisis de porter uniquement ce qui est doux et léger. Remplis-moi de ton repos et renouvelle mes forces. Merci, car tu marches avec moi et me donnes la paix. Amen.

LECTURES COMPLÉMENTAIRES

Psaume 23
L'Éternel est mon berger, je ne manquerai de rien.

Hébreux 4:9-11
Entrer dans le repos de Dieu par la foi.

Philippiens 4:6-7
Décharge-toi sur Dieu et reçois sa paix.

CHAPITRE SEIZE

LA PUISSANCE DE L'ADORATION

ÉMILIE

Il y a des moments marquants dans la vie qui peuvent déterminer le cours de notre histoire. Comme je l'ai déjà partagé, il y a eu cette première fois où Dieu a appelé Samuel et moi à tout quitter : notre ministère à Québec, notre famille, notre maison, nos amis, pour aller servir le Seigneur là où Il nous montrait. Quitter notre sécurité pour entrer dans l'inconnu n'a pas été facile ; pour nous, c'était un immense pas de foi.

Lorsque j'étais plus jeune, un livre m'avait profondément touchée : *La quatrième dimension* du Dr Paul Yonggi Cho. Il y enseignait cette vérité qui m'est toujours restée : *Quand tu commences par la foi, tu dois aussi terminer par la foi, peu importe la difficulté qui se dresse devant toi.*

À la fin du mois de novembre 2014, cela faisait déjà un an et demi que nous avions tout laissé derrière nous. Chaque fin de semaine, nous faisions plus de 400 km de voiture avec nos trois tout-petits, serrés dans une minuscule voiture deux portes. À ce moment-là, nous traversions une opposition constante. Dans le naturel, tout semblait se liguer contre nous. Même un ancien ami nous avait appelés pour nous condamner et nous dire que nous avions fait le mauvais choix. Nous devions faire preuve d'une persévérance inébranlable et nous accrocher aux promesses de Dieu, car les défis étaient immenses devant nous.

Cet après-midi-là, j'étais à bout de souffle. L'hiver approchait à grands pas, le froid s'installait, et nous n'avions pas les finances nécessaires pour acheter l'huile de chauffage. Je me souviens m'être assise par terre, adossée au mur, pendant que les enfants faisaient la sieste. Les larmes coulaient sur mon visage, le découragement m'envahissait. Un choix se dressait devant moi : me laisser submerger par la peur et le désespoir, ou choisir de louer et d'adorer le Seigneur, en sachant qu'Il était la solution.

Alors, j'ai décidé de me lever. J'ai appelé mon mari, qui travaillait dans notre petit bureau juste à côté, et je lui ai demandé de me rejoindre. Ensemble, nous avons choisi de louer Dieu, malgré notre fatigue et notre impuissance.

Nos cœurs étaient si lourds que la seule chose que nous avons pu élever, c'était un simple *Alléluia*, sec et fragile, mais offert par la foi. Pourtant, nous avons continué. Nous avons persévéré dans la louange, nous nous sommes fait violence pour élever nos voix. Je ne me souviens plus exactement du temps que cela a pris, mais nous avons chanté jusqu'à ce que l'atmosphère se transforme, jusqu'à cet instant d'adoration où tout le reste s'efface, où il ne reste que Jésus, où sa présence devient palpable et sa paix envahit tout.

C'est alors que j'ai eu une vision : un trésor s'ouvrait devant moi. À cet instant, j'ai entendu la voix du Seigneur me dire : *Émilie, dans cette atmosphère de ma présence, tout est disponible. Tu ne manques de rien. Demande-moi simplement... De quoi as-tu besoin ?* Sans hésiter, j'ai répondu : *Seigneur, l'huile pour chauffer la maison.*

Et savez-vous quoi ? Moins de cinq minutes plus tard, le téléphone a sonné. C'était des proches. Ils n'étaient absolument pas au courant de notre situation, car nous n'en avions parlé à personne — après tout, c'était Dieu qui nous avait appelés, alors c'était entre lui et nous. Et pourtant, ils nous ont dit qu'ils avaient à cœur de payer notre huile pour l'hiver.

J'en ai été bouleversée. Ce jour-là, j'ai compris d'une manière encore plus profonde que la présence de Dieu est le lieu où tout devienait possible. Lorsque nous choisissons de lever les yeux vers lui, malgré la tempête, malgré le manque, malgré la fatigue, Il nous ouvre les trésors de son royaume.

Quand notre foi est mise à l'épreuve, c'est précisément dans ces moments que nous pouvons expérimenter la fidélité de Dieu d'une manière tangible. Il ne nous abandonne jamais, et ses promesses sont certaines.

Aujourd'hui encore, peu importe les défis que vous traversez, souvenez-vous que dans sa présence, il ne manque de rien. Élevez votre louange, entrez dans l'adoration, et laissez-le vous surprendre. Car il est le Dieu qui pourvoit, celui qui prend soin de ses enfants et qui manifeste sa gloire au sein même des impossibilités.

PRIÈRE

Seigneur, tu es mon Berger, et je ne manque de rien. Aujourd'hui, je lève les yeux vers toi, malgré les difficultés. Je viens dans ta présence avec foi, sachant que c'est en toi que je trouve tout ce dont j'ai besoin. Père, je t'apporte mes besoins et mes inquiétudes. Plutôt que de me laisser submerger, je choisis de te louer, car tu es fidèle et tu es celui qui pourvoit.

Remplis mon cœur de ta paix et aide-moi à garder les yeux fixés sur ta grandeur. Merci d'être toujours avec moi et de ne jamais m'abandonner. Je viens t'adorer, Seigneur, et me remettre entre tes bonnes mains. Amen.

LECTURES COMPLÉMENTAIRES

Psaume 23

L'Éternel est mon Berger, je ne manque de rien. Il est avec moi dans la vallée et me donne tout ce dont j'ai besoin pour la traverser !

Matthieu 6:25-34

Cherchez d'abord le royaume de Dieu, et tout le reste vous sera donné en plus.

Psaume 37:25

Je n'ai jamais vu le juste abandonné, ni sa descendance mendier son pain.

CHAPITRE DIX-SEPT

Choisir la joie

SAMUEL

Beaucoup de gens pensent que leur bonheur viendra lorsqu'ils auront accompli leur destinée. Ils se disent : *Quand j'aurai atteint mon objectif, quand j'aurai cette bénédiction, alors je serai pleinement heureux.* Mais la Bible nous enseigne que le bonheur n'est pas réservé à un futur lointain. Il est déjà là, présent à chaque étape du chemin.

David a déclaré avec assurance : « ***Oui, le bonheur et la grâce m'accompagneront tous les jours de ma vie.*** » (Psaumes 23:6)

Dieu n'attend pas que nous atteignons notre destination pour déverser sa joie sur nous. Il nous accompagne chaque jour avec sa bonté, et il est nécessaire que nous apprenions à reconnaître et à savourer ces bénédictions au quotidien.

Trop souvent, nous vivons dans l'attente du « grand accomplissement », oubliant que Dieu est déjà à l'œuvre dans notre vie aujourd'hui. Pourtant, la Bible nous rappelle que nous sommes déjà en train d'accomplir les œuvres qu'il a préparées pour nous : « ***Car nous sommes son ouvrage, ayant été créés en Jésus-Christ pour de bonnes œuvres, que Dieu a préparées d'avance, afin que nous les pratiquions.*** » (Éphésiens 2:10)

Cela signifie que Dieu place chaque jour sur notre chemin des opportunités de grandir, d'aimer, de bénir, de servir. Même si nous n'avons pas encore atteint notre objectif final, la beauté est déjà présente dans le processus. Il ne s'agit pas seulement d'attendre un futur meilleur, mais de voir ce que Dieu fait maintenant.

L'un des pièges qui nous empêche de vivre cette joie quotidienne, c'est l'attente prolongée. La Bible nous met en garde : « ***Un espoir différé rend le cœur malade, Mais un désir accompli est un arbre de vie.*** » (Proverbes 13:12)

Lorsque nous repoussons notre bonheur à plus tard, nous risquons de passer à côté de la paix et de la satisfaction que Dieu veut nous donner dès aujourd'hui. Au lieu de laisser cette attente nous peser, nous pouvons choisir de cultiver un cœur reconnaissant.

Le psalmiste nous donne une clé précieuse : « ***Mon âme, bénis l'Éternel, et n'oublie aucun de ses bienfaits !*** » (Psaumes 103:2)

Dans notre famille, nous avons pris l'habitude, lors du dîner, de faire un tour de table où chacun partage une chose pour laquelle il est reconnaissant ce jour-là. Nous avons remarqué que ce moment peut transformer complètement notre perspective. Même lorsqu'on traverse des moments difficiles, cet exercice nous aide à élever notre esprit et à garder nos yeux fixés sur les belles choses plutôt que sur les défis du quotidien. Souvent, ce sont des petites choses simples, mais les nommer nous rappelle combien Dieu prend soin de nous.

Prends un instant pour réfléchir : quelles sont les bontés de Dieu dans ta vie aujourd'hui ? En quoi peux-tu être reconnaissant ? Que t'a-t-Il donné hier, la semaine dernière ou même l'année passée, dont tu peux te souvenir et pour lequel tu peux lui rendre gloire ? Cela peut être de petites choses toutes simples comme de grandes bénédictions.

Apprendre à reconnaître et à remercier Dieu pour ce qu'Il fait en ce moment même t'aidera à marcher dans la joie, plutôt que d'attendre qu'un grand événement futur vienne combler ton cœur.

Dieu nous invite à choisir la vie, ici et maintenant : « ***J'ai mis devant toi la vie et la mort, la bénédiction et la malédiction. Choisis donc la vie.*** » (Deutéronome 30:19)

Cela signifie qu'à chaque instant, nous avons le choix : passer notre temps à attendre le futur ou décider de voir la beauté de ce que Dieu accomplit aujourd'hui.

Alors, aujourd'hui, choisis la vie. Choisis la joie. Ouvre les yeux sur les bénédictions qui t'entourent déjà et remercie Dieu pour elles. Marche avec confiance, sachant que sa grâce est avec toi à chaque pas.

DÉCLARATIONS

1. **Chaque jour, le bonheur et la grâce de Dieu m'accompagnent.** *Oui, le bonheur et la grâce m'accompagneront tous les jours de ma vie.* (Psaumes 23:6)

2. **Dieu a ordonné à la bénédiction de me poursuivre dans tout ce que j'entreprends.** *L'Éternel ordonnera à la bénédiction*

d'être avec toi dans tes greniers et dans toutes tes entreprises. (Deutéronome 28:8)

3. **Je choisis de me réjouir aujourd'hui, car c'est un jour que Dieu a préparé pour moi.** *C'est ici la journée que l'Éternel a faite : qu'elle soit pour nous un sujet d'allégresse et de joie !* (Psaumes 118:24)

4. **Dieu renouvelle chaque matin ses bontés sur ma vie.** *Les bontés de l'Éternel ne sont pas épuisées, ses compassions ne sont pas à leur terme ; elles se renouvellent chaque matin.* (Lamentations 3:22-23)

LECTURES COMPLÉMENTAIRES

Psaume 118:24

« C'est ici la journée que l'Éternel a faite : qu'elle soit pour nous un sujet d'allégresse et de joie ! »

Matthieu 6:33-34

« Cherchez premièrement le royaume et la justice de Dieu; et toutes ces choses vous seront données par-dessus. Ne vous inquiétez donc pas du lendemain; car le lendemain aura soin de lui-même. »

Philippiens 4:11-13

« J'ai appris à être content dans l'état où je me trouve [...] Je puis tout par celui qui me fortifie. »

CHAPITRE DIX-HUIT

LE POUVOIR DE LA PAROLE

ÉMILIE

« Chacun goûtera à satiété les fruits de ses paroles et se rassasiera de ce que ses lèvres ont produit. » Proverbes 18:20 (BDS)

As-tu déjà pris conscience de l'impact de tes paroles sur ta vie ? La Bible enseigne dans Proverbes 18:21 que ***« la mort et la vie sont au pouvoir de la langue ; quiconque l'aime en mangera les fruits. »*** Ce que nous disons et déclarons a littéralement un impact sur notre présent et sur notre futur. Cette vérité se retrouve tout au long de la Parole de Dieu.

Dans l'épître de Jacques, chapitre 3, nous voyons également que la langue a le pouvoir de modifier le cours de notre vie. Par exemple, n'as-tu jamais remarqué que des mots empreints de gentillesse et de reconnaissance peuvent nous apporter de la joie ? En revanche, nous pouvons ressentir de la colère et de la tristesse lorsque nous sommes confrontés à des insultes ou des paroles dévalorisantes.

Aujourd'hui, des études scientifiques confirment cette réalité biblique sur la puissance de nos paroles, notamment les recherches du docteur Masaru Emoto, un chercheur japonais, sur l'eau. Au cours de ses travaux, il a photographié des milliers de cristaux d'eau formés par le gel, en utilisant des prises de vue à haute vitesse. Ses observations ont révélé que les paroles et les pensées dirigées vers l'eau influencent directement sa structure.

Lorsque des paroles de gratitude, d'amour et de reconnaissance étaient déclarées sur l'échantillon d'eau, de magnifiques flocons hexagonaux symétriques se formaient. En revanche, sous l'influence de paroles négatives ou haineuses, les cristaux obtenus étaient chaotiques, difformes, voire inexistants. L'étude suggère même que l'eau exposée à des mots négatifs pourrait devenir néfaste et toxique.

En fait, la Bible en parle déjà depuis si longtemps. Au commencement, Dieu lui-même « a dit » et les choses ont existé ! Aujourd'hui, je veux t'encourager à porter attention à tes paroles et à prendre au sérieux les mots qui sortent de ta bouche.

Ne prenons pas cela à la légère, mais soyons sages. Créons par nos paroles l'atmosphère du Ciel. Parlons de la vie ! Gardons notre langue de toute parole négative. Soyons remplis de gentillesse et d'amour. Soyons gracieux et encourageants les uns envers les autres. Soyons une source de bénédiction dans notre maison, notre famille et notre travail. N'oublions pas également de veiller aux propos que nous disons sur nous-mêmes !

La Bible nous rappelle dans Éphésiens 4:29 : ***Qu'il ne sorte de votre bouche aucune parole mauvaise, mais, s'il y a lieu, quelque bonne parole, qui serve à l'édification et communique une grâce à ceux qui l'entendent.***

ACTIVE TA FOI PAR TA PAROLE

Si tu es dans la foi pour quelque chose dont tu ne vois pas encore la manifestation dans ta vie, persévère et déclare la vérité de la Parole de Dieu sur ta situation. Élève un chant de reconnaissance, rappelle-toi les bontés de Dieu. Veille sur ta bouche, car elle est porteuse de ton futur ! En Jésus-Christ, sois un agent de paix et de bénédiction partout où tu vas ! Tu es porteur de vie par tes paroles.

En adoptant cette attitude, tu verras : elle apportera la joie à ton cœur, du bonheur, et tu seras témoin de la manifestation de la bénédiction de Dieu dans ta vie et autour de toi.

Déclare avec moi : Je suis richement béni et hautement favorisé en Jésus-Christ !

7 VERSETS BIBLIQUES À MÉDITER

Proverbes 15:4

«La langue douce est un arbre de vie,
mais la langue perverse brise l'âme.»

Proverbes 13:3

« Celui qui veille sur sa bouche garde son âme ; celui qui ouvre de grandes lèvres court à sa perte. »

Jacques 3:5-6

« De même, la langue est un petit membre et elle se vante de grandes choses. Voyez comme un petit feu peut embraser une grande forêt ! La langue aussi est un feu, un monde d'iniquité. »

Psaume 19:15

« Que les paroles de ma bouche et la méditation de mon cœur te soient agréables, ô Éternel, mon rocher et mon libérateur ! »

Proverbes 16:24

« Les paroles agréables sont un rayon de miel : elles sont douces pour l'âme et salutaires pour le corps. »

Colossiens 4:6

« Que votre parole soit toujours accompagnée de grâce, assaisonnée de sel, afin que vous sachiez comment il faut répondre à chacun. »

Proverbes 21:23

« Celui qui garde sa bouche et sa langue préserve son âme des angoisses. »

CHAPITRE DIX-NEUF

La puissance de la générosité

SAMUEL

As-tu déjà entendu l'expression : *il y a plus de bonheur à donner qu'à recevoir* ?Elle est tirée des paroles de Jésus, citées par l'apôtre Paul dans les Actes des Apôtres. Paul écrit également ceci dans sa lettre à l'Église de Philippes : ***Que chacun de vous, au lieu de considérer ses propres intérêts, considère aussi ceux des autres. Ayez en vous les sentiments qui étaient en Jésus-Christ.*** (Philippiens 2:4-5)

Avoir la même attitude que Jésus ne signifie pas simplement adopter une posture « spirituelle », mais implique que nos actions et gestes quotidiens soient imprégnés de l'attitude de Jésus. Cela revient à mettre de côté nos propres intérêts pour nous concentrer sur ceux des autres et trouver de la satisfaction à les servir. Jésus lui-même est venu sur terre en prenant la forme d'un serviteur ; avec humilité, il a délaissé ses intérêts personnels pour se consacrer à l'humanité. Il s'est littéralement sacrifié pour le bien commun, et pour moi, c'est la plus belle histoire de générosité et d'altruisme. Ainsi, si nous désirons avoir l'attitude de Jésus Christ, il est crucial que nous développions le réflexe de servir les intérêts des autres.

Imagine cela comme le développement d'un muscle. Les premières fois que tu effectues de nouveaux exercices, cela peut être inconfortable, et peut-être que le lendemain, tu auras quelques courbatures. Mais plus tu répètes ces exercices, plus les mouvements deviennent habituels et naturels. L'inconfort disparaît, et il ne reste que les bénéfices. De la même manière, lorsque nous prenons l'habitude de regarder au-delà de nos propres préoccupations pour nous concentrer sur les besoins des autres, nous renforçons notre capacité à servir.

Quelle joie de voir les autres réussir quand nous comprenons la volonté de Dieu ! En effet, Il désire nous élever mutuellement et nous rendre interdépendants. Contribuer au bien-être des autres et à leur épanouissement procure un réel plaisir.

Les individus les plus accomplis que j'ai rencontrés partagent souvent une caractéristique commune : ils sont extrêmement généreux ! Ils trouvent une immense joie à élever les autres et à célébrer leurs succès. Ils ne considèrent pas la réussite comme une ressource limitée à conserver, mais plutôt comme une opportunité à partager leur influence, leurs moyens et leurs opportunités pour faire briller les autres.

En cultivant une telle attitude, nous imitons Jésus-Christ. Il a utilisé son influence et ses ressources pour élever et transformer ceux qui l'entouraient. Si nous L'imitons, nous entrerons dans un cycle vertueux où le succès de l'un devient le succès de tous. C'est là l'essence même de la famille de Dieu !

Cultivons donc ensemble cette habitude de servir, et nous récolterons une joie et un épanouissement qui dépassent notre entendement.

PRIÈRE

Père, merci pour l'exemple d'amour et d'altruisme que tu

nous as montré à travers ton Fils Jésus. Aujourd'hui, je remets mes émotions, mes rêves et ma volonté entre tes mains. Ouvre mes yeux pour voir les besoins autour de moi. Utilise-moi comme tu as utilisé Jésus pour être une source de bénédiction. Merci parce que tu donnes toujours au semeur de quoi semer. Ainsi, j'ai toujours en abondance pour donner en temps, en amour, en opportunités et en ressources. Amen.

LECTURE COMPLÉMENTAIRE

Philippiens 2:1-18

CHAPITRE VINGT

AFFRONTER L'ÉPREUVE AVEC DIEU

ÉMILIE

J'ai traversé plusieurs épreuves dans ma vie où ma foi a été mise à l'épreuve et où j'ai dû surmonter la peur.

J'ai frôlé la perte de mon premier enfant, mon fils Néhémie. Alors que j'étais enceinte de près de 20 semaines, j'ai eu un accident de voiture, ce qui a causé une irritation du col de mon utérus et déclenché des contractions prématurées. Je me souviens du rendez-vous avec Samuel et du médecin qui nous a annoncé qu'il y avait de fortes chances que je perde mon bébé. À ce moment-là, nous ne connaissions pas encore, comme aujourd'hui, toutes les promesses de Dieu ni la plénitude de l'autorité que nous avons en Jésus-Christ. J'étais confuse.

Un matin, j'ai décidé de me rendre dans la présence de Dieu et de crier à Lui : *Seigneur, que dois-je faire ? Dois-je laisser les choses suivre leur cours, ou choisir de me battre spirituellement pour la vie de mon enfant ?*

Alors que je priais, j'ai eu une vision : je me suis vue enceinte, avançant sur un fil de fer tendu au-dessus d'un gouffre, soutenue de chaque côté par deux anges. À cet instant, une certitude a rempli mon cœur : je ne devais pas laisser la peur m'envahir, mais me tenir ferme dans la foi pour la vie de mon fils.

Ce même jour, j'ai perdu prématurément du liquide amniotique, menaçant à nouveau la grossesse de façon inattendue. Mais, au fond de moi, j'étais dans la paix. Je savais que Dieu était avec moi et que je pouvais lui faire pleinement confiance, peu importe ce qui se produisait dans le naturel.

Miraculeusement, le liquide a arrêté de couler et j'ai pu mener ma grossesse jusqu'à son terme. Néhémie est né à la date prévue, et il est aujourd'hui un puissant témoignage de la fidélité de Dieu. Ces épreuves m'ont appris des leçons précieuses sur la manière de faire face au danger et de ne pas se laisser intimider par l'ennemi.

Jean 10:10 nous rappelle : ***Le voleur vient seulement pour voler, pour tuer et pour détruire. Moi*** [Jésus], ***je suis venu afin que les hommes aient la vie, une vie abondante.*** (BDS)

Jésus est la vie ! Et il désire que nous vivions pleinement la vie abondante qu'il a préparée pour nous. Cependant, nous ne devons pas succomber à la crainte !

Dans Job 3:25, nous voyons ce qui peut arriver lorsque nous laissons la crainte nous envahir : ***Ce que je crains, c'est ce qui m'arrive; Ce que je redoute, c'est ce qui m'atteint.*** Mais voici ce que nous enseigne la Parole de Dieu dans Psaumes 112:1, 7-8 : ***Louez l'Éternel! Heureux est l'homme qui craint l'Éternel [...] Il ne craint pas de mauvaises nouvelles, il a le cœur tranquille, confiant en l'Éternel. Plein d'assurance, il est sans crainte, dans l'attente de voir le sort réservé à ses ennemis.*** (BDS)

Paul rappelle également dans Philippiens 4:7 de ne nous inquiéter de rien, mais de faire connaître à Dieu nos besoins par des prières, des pétitions, et des actions de grâce. Alors, la paix de Dieu gardera nos cœurs et nos pensées sous la protection de Jésus-Christ.

L'histoire de David, le jeune berger dans la Bible, m'a toujours profondément inspirée. David passait ses journées à veiller sur les brebis de son père, mais il était aussi un adorateur passionné, cultivant une intimité profonde avec Dieu chaque jour. Confronté aux dangers des bêtes sauvages menaçant son troupeau, il ne se laissa pas dominer par la peur. Au contraire, il puisa dans la force toute-puissante de Dieu pour affronter des adversaires redoutables tels que l'ours et le lion. Ces expériences renforcèrent sa foi et lui donnèrent le courage nécessaire pour affronter Goliath, libérant ainsi le peuple d'Israël de la peur qui le paralysait. Cet acte de bravoure propulsa David vers sa destinée, faisant de lui non seulement un roi puissant, mais aussi un homme selon le cœur de Dieu.

Je t'encourage à suivre l'exemple de David en cultivant la présence de Dieu dans ta vie quotidienne et en développant une intimité profonde avec Jésus, comme je l'ai également fait. Deviens un véritable adorateur ! Cela t'aidera à garder la paix dans toutes les situations. Connaître la Parole de Dieu et t'en nourrir chaque jour est essentiel. Car la foi vient de ce qu'on entend, et ce qu'on entend vient de la Parole de Dieu. (Romains 10:17)

Alors, fais taire la peur dès maintenant dans ta vie et aligne-toi avec la vérité de la Parole de Dieu. Pratique régulièrement la gestion de ta paix et mets ta foi en action dans les petites choses de la vie quotidienne. Plus tu apprendras à gérer rapidement la peur et à activer ta foi, plus tu seras préparé à affronter des situations plus graves. Avec la force de Dieu, tu seras prêt lorsque ton « Goliath » se présentera devant toi ! Tu deviendras alors une source de bénédictions et une inspiration pour plusieurs.

N'oublie pas que l'Esprit de Dieu habite en toi, à travers Jésus-Christ. En Lui, tu as tout pleinement pour gérer n'importe quelle situation avec la sagesse divine !

DÉCLARATIONS

Je suis richement béni en Jésus-Christ.
(Deutéronome 28:2, Galates 3:8-9)

Jésus est venu pour détruire les œuvres de l'ennemi.
(1 Jean 3:8)

La volonté de Dieu, c'est la vie en abondance pour moi et ma famille.
(Jean 10:10, Psaumes 128:1-3, Deutéronome 30:19-20)

Je suis plus que vainqueur par celui qui m'a aimé.
(Romains 8:37)

Je refuse de me laisser submerger par la peur.
Je choisis de faire confiance à mon Dieu.
(Jean 14:27, Psaumes 112:7, 2 Timothée 1:7, Ésaïe 40:10, Psaumes 56:3-4)

Ma force est dans le calme et la confiance.
(Ésaïe 30:15)

L'Éternel est ma force et mon chant ;
c'est lui qui est mon salut.
(Psaumes 18, Ésaïe 12:2, Psaumes 91)

Ma foi est dans la puissance du nom de Jésus.
(Jean 14:13-14, Philippiens 2:9, Marc 16:17-18)

CHAPITRE VINGT-ET-UN

PERSÉVÈRE ! N'ABANDONNE PAS !

SAMUEL

La Bible nous dit dans Hébreux 10:23 et Nombre 23:19 : ***Celui qui a fait la promesse est fidèle. Dieu n'est pas un homme pour mentir***; ce qu'il a promis, il l'accomplira. Peut-être attends-tu depuis longtemps, avec l'impression d'être dans l'échec et de ne pas pouvoir t'en sortir. Je te le dis : persévère !

Il est écrit dans 2 Corinthiens 2:14 : ***Grâces soient rendues à Dieu, qui nous fait toujours triompher en Christ.***

DISCERNEMENT FACE AUX TACTIQUES DE L'ENNEMI

Notre combat doit être mené à partir d'une confiance totale en sa Parole et avec du discernement sur la manière dont l'ennemi agit.

J'aimerais te parler d'Ézéchias, roi de Juda, dont l'histoire est relatée dans 2 Rois. Ézéchias était un bon roi. Mais à la quatorzième année de son règne, Sanchérib, le roi d'Assyrie, attaqua toutes les villes fortifiées de Juda et s'en empara, sauf Jérusalem.

Jérusalem était la capitale de Juda, où se trouvaient Ézéchias et le temple, symbole de la présence de Dieu. Voyant la menace, Ézéchias tenta une trêve et dut payer un tribut excessivement élevé. Tellement élevé qu'il prit de l'or dans le temple pour réussir à payer.

PREMIÈRE TACTIQUE DE L'ENNEMI : TE DÉPOUILLER ET DÉTOURNER TES REGARDS DE DIEU

Jésus nous met en garde dans Jean 10:10 : ***Le voleur ne vient que pour dérober, égorger et détruire ; moi, je suis venu afin que les brebis aient la vie, et qu'elles soient dans l'abondance.***

Mais le tribut offert par le roi ne suffit pas à Sanchérib. Son armée assiégea alors Jérusalem. Le roi d'Assyrie envoya des messagers pour décourager Ézéchias, s'assurant que tout le peuple entende leurs paroles. Son but était de semer la peur et la division.

Il dit au roi, en d'autres mots : *En quoi reposes-tu ta confiance pour me résister ? En ton Dieu ? Sûrement pas... Tu as déjà dépouillé ton propre temple pour me payer. Ton peuple ne peut même plus aller prier.* (Paraphrase de 2 Rois 18:19-22)

DEUXIÈME TACTIQUE DE L'ENNEMI : L'INTIMIDATION ET LA MANIPULATION

Peu importe ta disposition, l'ennemi essaiera toujours de te rappeler tes erreurs. N'oublie jamais : le diable est un expert en intimidation et en manipulation. Il sèmera toujours la peur, la division et le désespoir.

Lorsque l'ennemi crée la peur, rappelle-toi que ***l'amour parfait bannit toute peur*** (1 Jean 4:18). Lorsque l'ennemi crée le désespoir, rappelle-toi de retenir fermement l'espérance que nous proclamons, car celui qui a fait la promesse est fidèle (Hébreux 10:23).

LA CLÉ DE LA VICTOIRE : REMETTRE LE COMBAT ENTRE LES MAINS DE DIEU

Sanchérib continua son intimidation en envoyant une lettre à Ézéchias, lui rappelant sa puissance et affirmant qu'il était impossible de le vaincre. Alors, Ézéchias fit la seule chose à faire : il prit la lettre, monta à la maison de l'Éternel, la déploya devant Dieu et pria avec humilité pour la délivrance de son peuple. Sans même avoir à combattre, Dieu délivra Jérusalem de manière miraculeuse !

Persévère et garde confiance ! Ainsi, lorsque l'ennemi tente de t'intimider, souviens-toi que ce n'est pas toi qui combats, mais Dieu lui-même. Persévère ! Marche avec discernement et confiance, car Celui qui a fait la promesse est fidèle pour l'accomplir !

DÉCLARATIONS SUR TA VIE

Je ne crains rien, car Dieu me soutient et me fortifie chaque jour. (Ésaïe 41:10)

Je persévère avec foi, sachant que Dieu me réserve une couronne de vie. (Jacques 1:12)

Mon cœur est fortifié, car mon espérance est en l'Éternel. (Psaumes 27:14)

Je reste dans la paix, car l'Éternel combat pour moi. (Exode 14:14)

En Christ, je suis plus que vainqueur, rien ne peut me séparer de Son amour. (Romains 8:37)

Je ne crains pas les mauvaises nouvelles, je suis plein d'assurance, car j'ai confiance en mon Dieu. (Psaumes 112:7-8)

LECTURE COMPLÉMENTAIRE

2 Rois 18-19 — Replonge-toi dans l'histoire d'Ézéchias face à Sanchérib, roi d'Assyrie.

CHAPITRE VINGT-DEUX

LA RECONNAISSANCE, UNE CLÉ PUISSANTE

ÉMILIE

Nous pouvons facilement être découragés et submergés par nos pensées à cause des préoccupations, des défis familiaux ou professionnels, ou encore des nouvelles négatives. Si nous n'y prenons pas garde, cela peut nous alourdir, nous voler notre joie et même nous faire oublier les bienfaits de l'Éternel.

Aujourd'hui, j'aimerais te partager une clé puissante face au découragement : **la reconnaissance.**

Cultiver une attitude de gratitude, c'est comme une bouffée d'air frais. Choisir d'être reconnaissant libère une force bien plus grande qu'on ne l'imagine ! La reconnaissance nourrit aussi la joie dans notre cœur, malgré les circonstances qui nous entourent. Comme l'a si bien déclaré Néhémie pour encourager le peuple en pleine reconstruction des murailles, face à l'oppression de ses ennemis : ***La joie de l'Éternel sera votre force.*** (Néhémie 8:10)

Si tu as déjà lu le livre des Lamentations, tu sais que le prophète Jérémie a traversé des épreuves extrêmement difficiles. Il a affronté le découragement, au point où son âme était profondément abattue.

Dans Lamentations 3:19-20, il écrit : ***quand je pense à ma détresse et à ma misère,*** [...] ***Quand mon âme s'en souvient, elle est abattue au-dedans de moi.***

Il nous révèle ensuite une clé puissante face au découragement. J'aimerais que tu lises avec moi, et même que tu déclares à haute voix les versets 21 à 25 de la version Semeur :

Mais voici la pensée que je me rappelle à moi-même,
la raison pour laquelle j'aurai de l'espérance :
non, les bontés de l'Éternel ne sont pas à leur terme
et ses tendresses ne sont pas épuisées.
Chaque matin, elles se renouvellent.
Oui, ta fidélité est grande !
J'ai dit : L'Éternel est mon bien,
c'est pourquoi je compte sur lui.
L'Éternel est plein de bonté pour ceux qui ont
confiance en lui, pour ceux qui se tournent vers lui.

Je t'encourage aujourd'hui à ouvrir les yeux sur la bonté de Dieu dans ta vie. Chaque saison a ses défis, mais elle regorge aussi de merveilles. Tout dépend de ta perspective.

Vois-tu seulement le froid glacial de l'hiver, ou choisis-tu de t'habiller adéquatement et d'apprécier ses décors féeriques et paisibles ? Vois-tu uniquement la chaleur accablante de l'été, ou décides-tu d'en savourer la beauté, les couleurs éclatantes et les fleurs splendides et parfumées ?

Aujourd'hui, de quoi peux-tu être reconnaissant envers Dieu ? Je t'invite à faire cet exercice personnel. Es-tu quelqu'un qui voit le verre à moitié vide ou à moitié plein ? Choisis le chemin de la reconnaissance et prends le temps de compter les bienfaits de Dieu dans ta vie. Tu verras combien ils sont nombreux !

Tu es béni en Jésus-Christ. Déclare-le avec foi et reçois maintenant la joie du Seigneur qui fortifie ton cœur et t'inonde ! Crois-le et saisis cette vérité pour ta vie en ce moment même !

PRIÈRE

Seigneur, aujourd'hui, je choisis la reconnaissance. Peu importe les défis qui m'entourent, je décide de fixer mes yeux sur tes bontés et de cultiver la gratitude. Ta joie est ma force, et ta fidélité me soutient chaque jour. Amen.

LECTURES COMPLÉMENTAIRES

Psaumes 103:2

Mon âme, bénis l'Éternel, et n'oublie aucun de ses bienfaits.

1 Thessaloniciens 5:16-18

Soyez toujours joyeux, priez sans cesse,
rendez grâces en toutes choses.

Philippiens 4:6-7

Ne vous inquiétez de rien, mais en toute chose exposez
vos besoins à Dieu avec reconnaissance.

Colossiens 3:15

Que la paix de Christ règne dans vos cœurs,
et soyez reconnaissants.

MISE EN PRATIQUE

Avant de dormir, prends cinq minutes pour noter trois choses pour lesquelles tu es reconnaissant et écris-les dans un journal avec la date. Fais-en une habitude quotidienne ! Tu pourrais même l'appeler « Mon journal avec Dieu ». Cet exercice élèvera tes pensées et t'aidera à te réveiller le cœur rempli de gratitude, dans l'anticipation des bontés de Dieu pour ta journée !

CHAPITRE VINGT-TROIS

Refuse l'inquiétude

SAMUEL

Il y a un passage dans la Bible qui m'accompagne depuis longtemps et qui demeure l'un de mes préférés :

> ***Ne vous inquiétez de rien; mais en toute chose faites connaître vos besoins à Dieu par des prières et des supplications, avec des actions de grâces. Et la paix de Dieu, qui surpasse toute intelligence, gardera vos cœurs et vos pensées en Jésus-Christ.*** (Philippiens 4:6-7)

Ce passage commence par un commandement clair : « n***e vous inquiétez de rien.*** » Ces mots ne laissent place ni à l'ambiguïté ni au débat. Ils sont simples et directs.

Qu'en est-il de l'avenir, de la santé, des finances, de la famille ? Non, « ***ne vous inquiétez de rien.*** »

Ces paroles révèlent la douceur de Jésus, lui qui a dit : « M***on joug est doux et mon fardeau léger.*** » (Matthieu 11:30). Dieu ne nous donne pas un ordre impossible à suivre, mais une invitation à lui faire confiance pleinement.

UN ÉCHANGE DIVIN

Paul poursuit : ***Mais en toute chose faites connaître vos besoins à Dieu par des prières et des supplications, avec des actions de grâces.***

Quand Dieu dit ***« mais »***, c'est un signal pour nous arrêter et prêter attention. Il nous donne des instructions précieuses. ***En toute chose, faites connaître vos besoins à Dieu par des prières et des***

supplications, avec des actions de grâces. Ce n'est pas compliqué : faites connaître vos besoins à Dieu. Priez, louez, déposez vos fardeaux. Bref, Dieu écoute, et son attention est tournée vers nous.

Donc, dès que l'inquiétude frappe à la porte de mon cœur, je choisis de remettre mes fardeaux entre ses mains. Et voici la promesse qui en découle : ***La paix de Dieu, qui surpasse toute intelligence, gardera vos cœurs et vos pensées en Jésus-Christ.***

La paix dont il est question ici n'est pas une simple absence de trouble. C'est le *shalom* de Dieu, une paix complète où rien ne manque et rien n'est brisé. Elle dépasse toute logique humaine : ce n'est pas une paix que l'on peut expliquer, mais une paix que l'on expérimente.

Elle garde nos cœurs – nos émotions ce qui inclut nos craintes et anxiété – et nos pensées *sous la protection de Jésus-Christ.* (BDS)

Pourquoi Jésus ? Parce qu'il est notre garantie. Paul nous rappelle dans 1 Timothée 6:12 : ***combats le bon combat de la foi.*** Le seul combat que nous avons à mener, c'est celui de croire. Croire que la Parole de Dieu est vraie et agissante, que nous avons été rachetés, et qu'en Christ tout est accompli.

UN CHOIX QUOTIDIEN

Aujourd'hui, fais le choix de refuser l'inquiétude. Ne laisse ni le stress ni la peur dicter ta journée. Remets tout entre les mains du Seigneur et décide de vivre dans la paix qu'il promet.

Ne t'inquiète de rien.

7 PASSAGES BIBLIQUES À MÉMORISER

Matthieu 6:25-34 — *C'est pourquoi je vous dis : Ne vous inquiétez pas pour votre vie de ce que vous mangerez, ni pour votre corps de quoi vous serez vêtus. La vie n'est-elle pas plus que la nourriture, et le corps plus que le vêtement ? [...] Cherchez premièrement le royaume et la justice de Dieu, et toutes ces choses vous seront données par-dessus.*

1 Pierre 5:7 — *Déchargez-vous sur Lui de tous vos soucis, car Lui-même prend soin de vous.*

Psaumes 55:22 *Remets ton fardeau à l'Éternel, et Il te soutiendra ; Il ne permettra jamais que le juste soit ébranlé.*

Ésaïe 41:10 — *Ne crains rien, car Je suis avec toi ; ne promène pas des regards inquiets, car Je suis ton Dieu ; Je te fortifie, Je viens à ton secours, Je te soutiens de Ma droite triomphante.*

Jean 14:27 — *Je vous laisse la paix, Je vous donne ma paix. Je ne vous donne pas comme le monde donne. Que votre cœur ne se trouble point, et ne s'alarme point.*

Proverbes 3:5-6 — *Confie-toi en l'Éternel de tout ton cœur, et ne t'appuie pas sur ton intelligence ; dans toutes tes voies, reconnais-Le, et Il aplanira tes sentiers.*

Philippiens 4: 6-7 — *Ne vous inquiétez de rien; mais en toute chose faites connaître vos besoins à Dieu par des prières et des supplications, avec des actions de grâces. Et la paix de Dieu, qui surpasse toute intelligence, gardera vos cœurs et vos pensées en Jésus-Christ.*

CHAPITRE VINGT-QUATRE

QUAND LA TEMPÊTE SE LÈVE

ÉMILIE

UNE BATAILLE INVISIBLE, UNE VICTOIRE ASSURÉE

Savais-tu que l'ennemi de ton âme rôde sans cesse, cherchant à te voler ton bonheur ?

« Soyez sobres, veillez. Votre adversaire, le diable, rôde comme un lion rugissant, cherchant qui il dévorera. » 1 Pierre 5:8

Mais en Jésus, tu as reçu l'autorité sur toutes les puissances de l'ennemi, et rien ne pourra te nuire. Oui, les tempêtes sont inévitables, mais Jésus t'a promis de ne jamais t'abandonner. En Lui, tu peux être plus que vainqueur :

« Voici, je t'ai donné le pouvoir de marcher sur les serpents et les scorpions, et sur toute la puissance de l'ennemi ; et rien ne pourra te nuire. » Luc 10:19

« Mais dans toutes ces choses, nous sommes plus que vainqueurs par celui qui nous a aimés. » Romains 8:37

QUAND LA TEMPÊTE SE LÈVE

Les tempêtes de la vie surviennent parfois sans prévenir, secouant ton cœur et tes pensées comme une mer en furie. Dans Marc 4:35-41, les disciples, pourtant pêcheurs expérimentés, sont saisis de panique face à une tempête si violente qu'ils croient leur dernière heure arrivée. Pendant ce temps, Jésus dort paisiblement à l'arrière de la barque.

Affolés, ils le réveillent, et il se lève pour ordonner au vent et aux vagues de s'apaiser. En un instant, le calme revient. Puis, il leur pose cette question percutante : ***Pourquoi avez-vous si peur ? Où est votre foi ?*** (Marc 4:40)

Jésus nous enseigne ici une vérité puissante : nous avons, en Lui, l'autorité sur les tempêtes. Il l'a affirmé :

> ***En vérité, en vérité, je vous le dis, celui qui croit en moi fera aussi les œuvres que je fais, et il en fera de plus grandes, parce que je m'en vais au Père.*** » Jean 14:12

> ***En vérité, je vous le dis, si quelqu'un dit à cette montagne : 'Ôte-toi de là et jette-toi dans la mer,' et s'il ne doute point en son cœur, mais croit que ce qu'il dit arrive, il le verra s'accomplir.*** » Marc 11:23

UN ENSEIGNEMENT EN ALTITUDE

J'ai moi-même expérimenté cette vérité de manière profonde lorsque ma fille était gravement malade. Je me souviens d'être allée avec elle aux urgences. La douleur qu'elle ressentait était insoutenable, au point où même la morphine ne pouvait la soulager. En tant que mère, mes émotions étaient à leur paroxysme. La peur, l'impuissance et l'angoisse menaçaient de me submerger comme une vague déferlante. Mais au milieu de cette tempête, Dieu m'a rappelé une leçon précieuse.

Un jour d'orage, alors que j'étais en avion et regardais par le hublot, le Saint-Esprit s'est révélé à moi. Tandis que nous montions en altitude, j'ai entendu cette douce voix dans mon cœur : *Émilie, lorsque les vents changent et que les nuages s'amoncellent, souviens-toi qu'au-dessus des nuages et de la tempête, le soleil brille toujours.*

Quelle révélation puissante ! Dieu ne change pas. Peu importent les saisons, peu importent les tempêtes, sa lumière demeure constante. Il suffit de nous élever dans sa présence, de nous asseoir à Ses côtés, comme il nous y invite : ***Viens t'asseoir à ma droite, jusqu'à ce que je fasse de tes ennemis ton marchepied.*** (Psaume 110:1)

Ce jour-là, face à la souffrance de ma fille, j'ai choisi de monter plus haut et de soumettre mes émotions et ma peur au Seigneur. En échange, Il m'a donné sa paix. Plutôt que de me laisser submerger par l'angoisse, j'ai ancré mon cœur dans la vérité de Sa Parole. Dans ce lieu de paix, j'ai trouvé mon autorité en Christ. J'ai pris position, j'ai parlé à cette tempête, et soudain, ce qui semblait impossible est arrivé : ce qui était bloqué dans le ventre de ma fille s'est débloqué surnaturellement.

PRENDS AUTORITÉ SUR LA TEMPÊTE

Quand la tempête se lève dans ta vie, ne te laisse pas emporter par la peur. Monte plus haut. Aligne-toi avec la vérité de Dieu. Dans sa présence, tu découvriras un calme qui dépasse toute compréhension. Et c'est depuis ce lieu de paix que tu pourras exercer l'autorité que Jésus t'a donnée.

Alors, au lieu de laisser la tempête dicter tes émotions, parle-lui avec assurance. Car en Christ, tu n'es pas victime des vagues : tu es celui qui leur ordonne de se calmer.

PRIÈRE

Seigneur Jésus, j'ai confiance en toi, en ton amour parfait qui bannit toute crainte. Je fais taire la peur. J'appelle mon corps, mon âme et mon esprit à se calmer et s'aligner avec la vérité de ta Parole. Je fixe mes yeux sur toi et viens m'asseoir à ta droite, au-dessus de toutes circonstances, pour contempler ta fidélité et ton amour parfait. Je proclame que ta paix habite mon cœur et que le bonheur et la grâce m'accompagnent tous les jours de ma vie. Amen.

VERSETS COMPLÉMENTAIRES À MÉDITER

Jean 14:27 — *Je vous laisse la paix, je vous donne ma paix. Je ne vous donne pas comme le monde donne. Que votre cœur ne se trouble point, et ne s'alarme point.*

Ésaïe 26:3 — *À celui qui est ferme dans ses sentiments, Tu assures la paix, la paix, Parce qu'il se confie en toi.*

Ésaïe 43:2 — *Si tu traverses les eaux, je serai avec toi ; Et les fleuves, ils ne te submergeront point ; Si tu marches dans le feu, tu ne te brûleras pas, Et la flamme ne t'embrasera pas.*

Romains 8:15 — *Et vous n'avez point reçu un esprit de servitude, pour être encore dans la crainte ; mais vous avez reçu un Esprit d'adoption, par lequel nous crions : Abba ! Père !*

Ésaïe 30:15 — *C'est dans la tranquillité et le repos que sera votre salut, c'est dans le calme et la confiance que sera votre force.*

Ésaïe 41:10 — *Ne crains rien, car je suis avec toi; Ne promène pas des regards inquiets, car je suis ton Dieu; Je te fortifie, je viens à ton secours, Je te soutiens de ma droite triomphante.*

Psaume 34:4 — *J'ai cherché l'Éternel, et il m'a répondu ; il m'a délivré de toutes mes frayeurs.*

Jean 16:33 — *Je vous ai dit ces choses afin que vous ayez la paix en moi. Dans le monde, vous aurez des tribulations ; mais prenez courage, j'ai vaincu le monde.*

Psaumes 91 — Promesses de protection divine pour ceux qui se confient en Lui.

CHAPITRE VINGT-CINQ

Sois rempli d'espérance

SAMUEL

« Car moi, je connais les projets que j'ai conçus en votre faveur, déclare l'Éternel : ce sont des projets de paix et non de malheur, afin de vous assurer un avenir plein d'espérance. » Jérémie 29:11 (BDS)

Un jour, alors que je passais du temps avec Dieu, il m'a posé ces questions : *Quel est ton niveau d'espérance ? En quoi espères-tu ?*

J'ai immédiatement répondu à Dieu avec les paroles mêmes de Jésus : *Non pas ce que je veux, mais ce que tu veux, Seigneur.*

Bien que cette réponse fût sincère et démontrât ma disposition de cœur, elle n'était pas pleinement alignée avec la plénitude que Dieu veut pour nous.

Dieu m'a alors conduit dans sa Parole pour me montrer que l'espérance vient de lui ! C'est sa volonté pour nous, et l'espérance est la semence nécessaire pour voir ses promesses s'accomplir dans nos vies.

L'apôtre Paul déclare : ***Que le Dieu de l'espérance vous remplisse de toute joie et de toute paix dans la foi, pour que vous abondiez en espérance, par la puissance du Saint-Esprit !*** Romains 15:13

L'espérance que Dieu nous donne est surnaturelle. Elle est une œuvre du Saint-Esprit dans nos vies. Dans un monde marqué par l'incertitude, les conflits et la détresse, les enfants de Dieu sont appelés à incarner trois valeurs essentielles : la foi, l'espérance et l'amour.

« En somme, trois choses demeurent : la foi, l'espérance et

l'amour, mais la plus grande d'entre elles, c'est l'amour. » 1 Corinthiens 13:13 (BDS)

Si l'ennemi cherche à semer le chaos, le désespoir et la haine, notre mission est d'offrir au monde la foi, l'espérance et l'amour.

L'ESPÉRANCE : UN MOTEUR POUR NOTRE FOI

La foi et l'espérance sont intimement liées.

- La foi s'ancre dans le présent.
- L'espérance regarde vers l'avenir.

Garder un niveau élevé d'espérance est crucial, car elle nourrit ta foi. Si tu n'as rien en quoi espérer, comment ta foi pourrait-elle être mise en action ? Sans espérance, la vie chrétienne devient un ensemble de concepts et de lois, et la passion de notre relation avec Dieu s'affaiblit. Mais lorsque ton espérance en Dieu est élevée, ta foi devient vibrante et passionnée, prête à saisir ses promesses !

Le psalmiste déclarait : ***Souviens-toi de ta promesse à ton serviteur, puisque tu m'as donné l'espérance !*** Psaumes 119:49

L'auteur de l'épître aux Hébreux nous exhorte donc à demeurer fermes : ***Restons fermement attachés à l'espérance que nous reconnaissons comme vraie, sans fléchir, car celui qui nous a fait les promesses est fidèle.*** Hébreux 10:23 (BDS)

Tout ce que Dieu promet, il l'accomplit. Abraham en est un exemple parfait. Face à une situation humainement impossible, il a choisi de croire contre toute espérance, sachant que Dieu était fidèle :

« Espérant contre toute espérance, il crut, en sorte qu'il devint père d'un grand nombre de nations, selon ce qui lui avait été dit : Telle sera ta postérité. » Romains 4:18

Comme Abraham, nous devons apprendre à persévérer dans la foi, même lorsque les circonstances semblent contraires. L'attente peut être longue, mais l'espérance en Dieu ne trompe jamais.

Où en est ton espérance aujourd'hui ?

Sois assuré que notre bon Père prend plaisir à voir ses enfants espérer en lui. Restons confiants, car ce qu'il a promis, il l'accomplira ! Élève ton niveau d'espérance et cela t't'emmenera vers le chemin du bonheur.

4 DÉCLARATIONS POUR ÉLEVER TON ESPÉRANCE

1. **Mon espérance vient de Dieu, et il ne me décevra jamais !**
« Oui, mon âme, repose-toi sur Dieu, car mon espérance vient de lui. » Psaumes 62:6

2. Je reste attaché à l'espérance que Dieu a placée en moi, car il est fidèle !

« Restons fermement attachés à l'espérance que nous reconnaissons comme vraie, sans fléchir, car celui qui nous a fait les promesses est fidèle. » Hébreux 10:23 (BDS)

3. Même si tout semble impossible, je crois contre toute espérance, car mon Dieu est fidèle.

« Espérant contre toute espérance, il crut. » Romains 4:18

4. Dieu renouvelle mon espérance et me donne une vision pleine de vie et de paix !

« Car moi, je connais les projets que j'ai conçus en votre faveur, déclare l'Éternel : ce sont des projets de paix et non de malheur, afin de vous assurer un avenir plein d'espérance. » Jérémie 29:11 (BDS)

LECTURES COMPLÉMENTAIRES

Hébreux 6:19

« Nous avons cette espérance comme une ancre de l'âme, sûre et solide, qui pénètre au-delà du voile. »

Lamentations 3:21-23

« Voici ce que je veux repasser en mon cœur, ce qui me donnera de l'espérance : Les bontés de l'Éternel ne sont pas épuisées, ses compassions ne sont pas à leur terme ; elles se renouvellent chaque matin. Oh ! que ta fidélité est grande ! »

Psaumes 130:5

« J'attends l'Éternel, mon âme l'attend, et j'espère en sa parole. »

CHAPITRE VINGT-SIX

LE VRAI BONHEUR COMMENCE À LA MAISON

ÉMILIE

UNE BATAILLE INVISIBLE, UNE VICTOIRE ASSURÉE

Le bonheur ne se mesure pas à ce que l'on projette aux autres. Il ne se limite pas à une belle image sur les réseaux sociaux ou à une apparence impeccable en public. Il prend racine dans l'invisible, dans les choix que nous faisons au quotidien, dans les attitudes que nous adoptons d'abord au sein de notre foyer. Ce n'est pas sur une estrade ou devant un public que notre foi est mise à l'épreuve, mais bien dans les moments ordinaires, là où personne ne regarde – à la maison, avec notre famille, notre conjoint, nos enfants.

Jésus a dit : « ***C'est à leurs fruits que vous les reconnaîtrez.*** » (Matthieu 7:16). Nos paroles peuvent prétendre bien des choses, mais c'est notre vie, nos réactions, nos attitudes au quotidien qui révèlent le fond de notre cœur. Le véritable bonheur ne se construit pas sur des apparences, mais sur une fondation solide : un amour sincère et authentique, manifesté dans les petites choses de la vie.

CRÉER UNE ATMOSPHÈRE DU ROYAUME À LA MAISON

Notre foyer est le premier endroit où nous sommes appelés à établir la culture du royaume de Dieu. 1 Jean 4:18 nous dit que *l'amour parfait bannit la crainte*. Lorsque nous faisons de l'amour notre priorité, nous bâtissons un environnement de respect mutuel, de paix et de sécurité où chacun se sent écouté et aimé.

Nous avons un rôle essentiel : ne pas être de simples thermomètres, réagissant aux circonstances, mais des thermostats, capables d'influencer et de transformer l'atmosphère autour de nous. Quand nous choisissons de cultiver l'atmosphère du Ciel à la maison, nous semons des graines qui porteront du fruit bien au-delà de notre foyer.

UN IMPACT QUI DÉPASSE LA MAISON

Le monde a soif de voir des vies authentiques, des familles restaurées, des couples solides. Si nous voulons voir notre génération transformée, cela commence chez nous. Une maison remplie de la présence de Dieu devient un témoignage puissant. Un couple uni par l'amour et la grâce de Christ inspire ceux qui l'entourent. Une famille qui choisit la l'amour et le pardon, impacte bien plus qu'elle ne l'imagine.

Si nous voulons changer le monde, commençons par notre foyer. Un couple à la fois, une famille à la fois, une communauté à la fois.

5 DÉCLARATIONS DE FOI

1. **Aujourd'hui, je choisis de cultiver une atmosphère d'amour et de paix dans ma maison.**

2. **Par la grâce de Dieu, je suis un thermostat spirituel : je ne**

subis pas mon environnement, je l'influence par l'amour de Christ.

3. Le fruit de l'Esprit grandit en moi chaque jour, et je choisis de marcher dans l'amour, la patience et la maîtrise de soi.

4. Je marche avec humilité et amour.

5. L'amour parfait de Christ bannit la crainte dans ma maison. Je choisis d'aimer, de respecter et de valoriser ceux qui m'entourent.

VERSETS COMPLÉMENTAIRES À MÉDITER

Galates 5:22-23 (BDS)
« Mais le fruit de l'Esprit c'est l'amour, la joie, la paix, la patience, l'amabilité, la bonté, la fidélité, la douceur, la maîtrise de soi. La Loi ne condamne certes pas de telles choses. »

1 Thessaloniciens 3:12 (BDS)
« Que le Seigneur vous remplisse, jusqu'à en déborder, d'amour les uns pour les autres et envers tous les hommes, à l'exemple de l'amour que nous vous portons. »

1 Jean 4:18-19 (BDS)
« Dans l'amour, il n'y a pas de place pour la crainte, car l'amour parvenu à une pleine maturité chasse toute crainte. En effet, la crainte suppose la perspective d'un châtiment. L'amour de celui qui

vit dans la crainte n'est pas encore parvenu à sa pleine maturité. Quant à nous, nous aimons parce que Dieu nous a aimés le premier. »

Colossiens 3:12-15 (BSD)

« Ainsi, puisque Dieu vous a choisis pour faire partie du peuple saint et qu'il vous aime, revêtez-vous d'ardente bonté, de bienveillance, d'humilité, de douceur, de patience – supportez-vous les uns les autres, et si l'un de vous a quelque chose à reprocher à un autre, pardonnez-vous mutuellement ; le Seigneur vous a pardonné : vous aussi, pardonnez-vous de la même manière. Et, par-dessus tout cela, revêtez-vous de l'amour qui est le lien par excellence. Que la paix instaurée par Christ gouverne vos décisions. Car c'est à cette paix que Dieu vous a appelés pour former un seul corps. Soyez reconnaissants. »

1 Corinthiens 13

CHAPITRE VINGT-SEPT

TU PORTES LA VIE

SAMUEL

Il y a quelques années, j'ai vécu une expérience qui a profondément marqué ma vie. Lors d'une conférence des gens d'affaires à laquelle je participais dans une église aux États-Unis, j'ai découvert qu'il y avait une école au sein de cette congrégation. Ce matin-là, des enfants de 6 à 7 ans ont été invités à partager des paroles prophétiques avec les participants. Une petite fille s'est approchée de moi et m'a dit qu'elle me voyait dans une cour arrière en train de faire du jardinage. Elle ajouta qu'elle voyait mon travail porter du fruit. Puis, elle a terminé en me regardant droit dans les yeux et en déclarant deux fois : ***You bring life – Tu apportes la vie***.

À la fin de cet exercice, l'organisateur nous a mentionné que quelques enfants avaient réalisé des dessins et qu'ils allaient les remettre selon la direction que Dieu leur donnait. J'ai alors vu une fillette timide balayer la salle du regard. Après quelques instants d'hésitation, elle s'est dirigée vers moi et m'a tendu son dessin.

Sur l'image étaient inscrits les mots : ***You bring life – Tu apportes la vie***. J'étais bouleversé. En l'espace de quelques minutes, par l'intermédiaire de deux enfants différents, Dieu venait d'affermir une vérité sur ma vie : j'apporte la vie, et l'œuvre de ma vie porte et portera beaucoup de fruit.

Le Psaume 1:1-3 nous dit : ***Heureux l'homme qui ne marche pas selon les conseils des méchants, qui ne va pas se tenir sur le chemin des pécheurs, qui ne s'assied pas en la compagnie de ces gens qui se moquent de Dieu. Toute sa joie il la met dans la Loi de l'Éternel qu'il médite jour et nuit. Il prospère comme un arbre implanté près d'un cours d'eau ; il donne toujours son fruit lorsqu'en revient la saison. Son feuillage est toujours vert ; tout ce qu'il fait réussit.*** (BDS)

Cette parole et ce dessein étaient un appel à la persévérance et à la déclaration des promesses de Dieu sur ma vie. Depuis ce jour, lorsque je traverse des saisons difficiles ou que je ne vois pas encore le fruit de mon travail, je déclare cette vérité : *J'apporte la vie. Je ne m'appuie pas sur ce que mes yeux voient, mais sur la promesse de Dieu que je porterai beaucoup de fruit.*

Jésus lui-même l'affirme dans Jean 15:5 : « ***Je suis le cep, vous êtes les sarments. Celui qui demeure en moi et en qui je demeure porte beaucoup de fruits, car sans moi vous ne pouvez rien faire.*** »

C'est pourtant si simple : si nous demeurons en Jésus, nous porterons beaucoup de fruits ! Nous devons donc combattre le bon combat de la foi en restant attachés à cette promesse. Ne nous fions pas à ce que nos yeux voient, mais saisissons cette vérité par la foi : je porte du fruit !

PRIÈRE

Père Éternel, par Jésus, je suis ton enfant. Ton Saint-Esprit demeure en moi, et moi, je demeure en toi. Je m'attends à ta promesse : je prospère comme un arbre planté près d'un courant d'eau. Je porte toujours du fruit dans ma saison, et mon feuillage reste toujours vert. Aujourd'hui, tout ce que je fais réussit, car tu es avec moi. Merci pour la récolte abondante. Que tout soit pour ta gloire ! Sur la déclaration de ta Parole, au nom de Jésus, amen !

VERSETS COMPLÉMENTAIRES À MÉDITER

Jérémie 17:7-8

« Béni soit l'homme qui se confie dans l'Éternel, Et dont l'Éternel est l'espérance! Il est comme un arbre planté près des eaux, Et qui étend ses racines vers le courant; Il n'aperçoit point la chaleur quand elle vient, Et son feuillage reste vert; Dans l'année de la sécheresse, il n'a point de crainte, Et il ne cesse de porter du fruit. »

Matthieu 7:17-18

« Tout bon arbre porte de bons fruits, mais le mauvais arbre porte de mauvais fruits. Un bon arbre ne peut porter de mauvais fruits, ni un mauvais arbre porter de bons fruits. »

Colossiens 1:10

« pour marcher d'une manière digne du Seigneur et lui être entièrement agréables, portant des fruits en toutes sortes de bonnes œuvres et croissant par la connaissance de Dieu. »

CHAPITRE VINGT-HUIT

La voix du Bon Berger

ÉMILIE

Beaucoup de chrétiens croient à tort que Dieu ne leur parle pas, comme si seuls quelques « élus » pouvaient entendre sa voix et recevoir des révélations. C'est un mensonge de l'ennemi !

« Je t'instruirai et te montrerai la voie que tu dois suivre; Je te conseillerai, j'aurai le regard sur toi. » Psaumes 32:8

Si Satan parvient à nous faire croire que Dieu ne veut pas se révéler à nous, il gagne du terrain. Il sait qu'un enfant de Dieu qui reconnaît la voix du Père devient puissant et inébranlable. Le Saint-Esprit, qui habite en nous, désire nous révéler les secrets du Père. Chaque jour, Dieu veut nous parler par son Esprit, nous guider et nous donner les stratégies dont nous avons besoin pour avancer dans ses plans. Jésus lui-même a vécu ainsi :

« ***En vérité, en vérité, je vous le dis, le Fils ne peut rien faire de lui-même, sinon ce qu'il voit le Père accomplir. Tout ce que le Père fait, le Fils aussi le fait pareillement.*** » Jean 5:19

Dieu nous parle constamment, mais encore faut-il être à l'écoute ! Son message est toujours là, comme une station de radio qui émet sans cesse. Cependant, si notre antenne n'est pas bien réglée ou si nous sommes sur la mauvaise fréquence, nous n'entendrons que des parasites ou un son brouillé. Ce n'est pas parce que Dieu ne parle pas, mais parce que nous devons affiner notre écoute et nous ajuster à sa voix.

Dieu veut se révéler à toi, comme il est écrit dans Jérémie 29:13-14 : « ***Vous me chercherez, et vous me trouverez, si vous me***

cherchez de tout votre cœur. Je me laisserai trouver par vous, dit l'Éternel. »

Le Seigneur désire une relation vivante avec toi et se fait connaître à ceux qui le cherchent avec foi et sincérité.

Comme un enfant apprend la langue de ses parents, nous devons, en tant qu'enfants de Dieu, apprendre à reconnaître et comprendre la voix de notre Père céleste. Ce processus commence par une conviction fondamentale : **Dieu veut te parler !** Et il peut s'adresser à toi de différentes manières : « ***Dieu parle cependant, tantôt d'une manière, tantôt d'une autre, et l'on n'y prend point garde.*** » Job 33:14

Que cette vérité pénètre ton cœur et t'inspire à chercher Dieu avec persévérance. Plus tu apprendras son langage, plus tu seras aligné avec sa volonté et équipé pour marcher dans ses voies.

« Mes brebis écoutent ma voix, je les connais et elles me suivent. » Jean 10:27 (BDS)

APPRENDRE À DISCERNER SA VOIX

Il est essentiel pour chaque enfant de Dieu de prendre le temps d'apprendre à entendre la voix du Père. Et bonne nouvelle, nous ne sommes pas seuls dans ce processus :

- Le Saint-Esprit nous enseigne et nous rappelle les paroles de Jésus.

- La Parole de Dieu est notre repère ultime : elle nous parle et confirme ce que nous recevons.

« Mais le consolateur, l'Esprit-Saint, que le Père enverra en mon nom, vous enseignera toutes choses et vous rappellera tout ce que je vous ai dit. » Jean 14:26

« Quand le consolateur sera venu, l'Esprit de vérité, il vous conduira dans toute la vérité ; car il ne parlera pas de lui-même, mais il dira tout ce qu'il aura entendu, et il vous annoncera les choses à venir. » Jean 16:13

Ne laisse pas l'ennemi te voler cette précieuse relation avec le Père. Recherche sa voix avec foi et persévérance, et surtout, attends-toi à lui ! Il désire te parler, te diriger et entretenir avec toi une relation vivante.

PRIÈRE

Père Céleste, je viens à toi sachant que tu désires me parler et te révéler à moi. Aujourd'hui, je rejette le mensonge qui dit que tu es silencieux. Je crois que tu veux me guider et me révéler ta volonté. Aide-moi à affiner mon oreille spirituelle pour discerner ta voix. Que ton Esprit me conduise et que ta Parole éclaire mon chemin. Je te cherche de tout mon cœur et désire marcher dans l'obéissance à ta voix. Je déclare que je suis ton enfant, que je reconnais ta voix et que je te suivrai toujours.

Dans le nom de Jésus, Amen.

VERSETS COMPLÉMENTAIRES À MÉDITER

Jérémie 33:3

« Invoque-moi, et je te répondrai ; Je t'annoncerai de grandes choses, des choses cachées, Que tu ne connais pas. »

Psaume 25:14

« L'amitié de l'Éternel est pour ceux qui le craignent,
Et son alliance leur donne instruction. »

Ésaïe 48:17

« Ainsi parle l'Éternel, ton rédempteur, le Saint d'Israël :
Moi, l'Éternel, ton Dieu, je t'instruis pour ton bien,
je te conduis dans le chemin que tu dois suivre. »

1 Corinthiens 2:9-10

« Ce que l'œil n'a pas vu, ce que l'oreille n'a pas entendu, et ce qui n'est pas monté au cœur de l'homme, tout ce que Dieu a préparé pour ceux qui l'aiment. Dieu nous l'a révélé par l'Esprit ; car l'Esprit sonde tout, même les profondeurs de Dieu. »

Jean 10:27

« Mes brebis entendent ma voix ; je les connais, et elles me suivent. »

CHAPITRE VINGT-NEUF

LA VRAIE SAGESSE

SAMUEL

Aujourd'hui, il est essentiel de rectifier notre compréhension de la sagesse selon la vérité biblique. La Bible en parle abondamment : c'est un don précieux, un cadeau qui provient directement du cœur de Dieu.

Si tu ressens un manque de sagesse dans ta vie, sache qu'il existe une promesse claire dans la Parole :

« Si quelqu'un d'entre vous manque de sagesse, qu'il la demande à Dieu, qui donne à tous simplement et sans reproche, et elle lui sera donnée. » Jacques 1:5

Dieu donne avec générosité. Je t'encourage même à prier, comme Daniel, pour recevoir un esprit supérieur qui te permettra de naviguer avec sagesse dans ce monde.

« J'ai entendu dire que l'esprit des dieux réside en toi et que tu possèdes une clairvoyance, une intelligence et une sagesse extraordi-

naires. » Daniel 5:14 (BSD)

As-tu déjà entendu cette phrase : « Sois sage ! » ? C'est souvent ce que l'on dit à nos adolescents lorsqu'ils sortent, comme une mise en garde implicite pour éviter les ennuis.

Dans notre culture, la sagesse est souvent perçue comme une attitude prudente et passive, synonyme de sécurité et de retenue. On l'utilise parfois comme excuse pour freiner les décisions risquées ou audacieuses. Pourtant, la vraie sagesse est loin de ça ! Bien sûr, elle nous pousse parfois à patienter, à réfléchir et à rechercher des conseils avisés. Mais elle ne nous empêche en rien de prendre des risques quand Dieu nous y appelle. Le problème survient lorsque nous confondons sagesse et peur. Trop souvent, nous justifions notre inaction en invoquant la prudence, alors qu'en réalité, nous écoutons la peur au lieu de la voix de Dieu.

Voici ce qu'il faut comprendre : les pensées de l'homme sont naturellement inférieures à celles de Dieu, comme il est écrit dans Ésaïe 55:8 : « ***Car mes pensées ne sont pas vos pensées, et vos voies ne sont pas mes voies, dit l'Éternel. »***

La Bible nous enseigne aussi que la sagesse de ce monde est une folie pour Dieu. Pour résumer, nous pouvons accumuler intelligence, diplômes, compétences et expériences, mais tout cela ne surpassera jamais la sagesse de Dieu. Cependant, si tu as accepté Jésus comme Seigneur et Sauveur, alors tout change ! Tu as reçu la pensée de Christ.

« Car qui a connu la pensée du Seigneur, pour l'instruire ? Or nous, nous avons la pensée de Christ. » 1 Corinthiens 2:16

Ainsi, en accueillant Christ, nous ne recevons pas seulement la vie éternelle, mais aussi sa sagesse divine. Cela signifie être aligné avec sa volonté, lui faire pleinement confiance et lui obéir sans tarder, même lorsque ses instructions défient la logique humaine. Il est bien plus sage d'écouter les directives de Dieu que de se fier à notre propre raisonnement.

Tu veux être sage ? Voici mon conseil : ferme les yeux, écoute la voix du bon Berger et suis ses instructions.

Si nous examinons les récits bibliques, nous constatons que la volonté de Dieu n'a jamais reposé sur des décisions purement logiques ou rationnelles :

- Quand David a affronté Goliath, ce n'était pas logique.
- Quand Esther s'est présentée devant le roi, ce n'était pas logique.
- Quand Isaac, en pleine famine, a semé dans son champ, ce n'était pas logique.
- Quand les disciples, après une nuit infructueuse, ont relancé leurs filets sur une parole de Jésus, ce n'était pas logique.

Si nous nous appuyons uniquement sur la sagesse humaine, nous risquons de passer à côté des plans de Dieu. Donc, arrêtons de nous cacher derrière une sagesse humaine pour prendre des décisions et acceptons la pensée de Christ avec conviction !

Je termine avec ce verset de Proverbes 3:5-6, qui résume bien ma pensée :

« Confie-toi en l'Éternel de tout ton cœur, et ne t'appuie pas sur ta sagesse ; Reconnais-le dans toutes tes voies, et il aplanira tes sentiers. » Proverbes 3:5-6

Fais taire la peur et active ta foi dans la sagesse divine !

DÉCLARATION DE FOI

- Je suis un enfant de Dieu et j'entends la voix de mon Père.
- Ce n'est plus moi qui vis, mais Christ qui vit en moi.
- J'ai reçu en cadeau la pensée de Christ et la sagesse surnaturelle.
- Mes décisions sont influencées par la Parole et la force de mon Dieu, et non par la peur et les impossibilités.

VERSETS COMPLÉMENTAIRES

Proverbes 3:5-6

« Confie-toi en l'Éternel de tout ton cœur,
et ne t'appuie pas sur ta sagesse ;
Reconnais-le dans toutes tes voies,
et il aplanira tes sentiers. »

Jacques 3:17

« La sagesse d'en haut est premièrement pure, ensuite pacifique, modérée, conciliante, pleine de miséricorde et de bons fruits, exempte de duplicité, d'hypocrisie. »

Hébreux 11:8

« C'est par la foi qu'Abraham, lors de sa vocation, obéit et partit pour un lieu qu'il devait recevoir en héritage, et il partit sans savoir où il allait. »

CHAPITRE TRENTE

TÉMOIN DE JÉSUS-CHRIST

ÉMILIE

Si tu es un enfant de Dieu, tu es appelé à être un témoin de Jésus-Christ sur cette terre. Tu es ses mains et ses pieds, destinés à répandre son amour à toute la création. Comme Jésus allait de lieu en lieu pour faire du bien et guérir les malades (Actes 10:38), il nous donne aujourd'hui cette même mission : Allez partout dans le monde pour répandre la Bonne Nouvelle accompagnée de signes miraculeux. (Marc 16:18)

Cependant, pour marcher dans cet appel, nous devons croire en sa Parole, croire que nous sommes appelés, développer notre sensibilité à sa voix, être prompts à obéir et prêts à embrasser l'aventure divine qu'il met devant nous.

UNE RENCONTRE DIVINE SUR LA ROUTE

Un jour, alors que je conduisais avec mes trois jeunes enfants, une voiture de police est passée devant moi. Au même instant, j'ai ressenti une pression soudaine à la hanche, qui s'est dissipée aussi rapidement qu'elle était apparue. J'ai aussitôt compris que le Saint-Esprit me révélait que ce policier souffrait d'une douleur ou d'un problème à cet endroit et que Dieu voulait se manifester à lui. Mais la voiture avait déjà disparu.

J'ai alors prié : « Seigneur, si tu veux vraiment que j'aille prier pour ce policier, fais que la voiture repasse devant moi. » Et au moment même où je terminais ma prière, la voiture est réapparue ! J'ai compris que Dieu me donnait une opportunité et j'ai choisi d'obéir sans tarder.

Après avoir suivi la voiture de police pendant quelques instants, j'ai réussi à attirer l'attention du policier, qui s'est finalement arrêté sur le côté. En sortant de ma voiture, il a cru que je voulais simplement montrer son véhicule à mes enfants. Avec bienveillance, il leur a fait visiter sa voiture et a même allumé les gyrophares, ce qui les a remplis de joie !

Puis, je lui ai demandé s'il ressentait une douleur à la hanche, en lui expliquant brièvement ce qui s'était passé. Surpris, il m'a confirmé que oui. Je lui ai alors proposé de prier et lui imposer les mains. Après la prière, je lui ai demandé de bouger pour voir s'il ressentait une amélioration. Étonné, il m'a répondu que la douleur avait diminué.

Je lui ai donc proposé de prier une seconde fois pour une guérison complète. Ce qu'il a accepté. Finalement, il a été totalement guéri !

Ce fut un moment puissant, non seulement pour lui, mais aussi pour moi et mes enfants. J'étais remplie de joie et de reconnaissance ! Cette expérience nous a appris à tous d'être attentifs à l'Esprit de Dieu, à saisir les opportunités pour voir les fruits de la foi en action.

Sois les mains et les pieds de Jésus ! Dieu cherche des hommes et des femmes prêts à répandre son amour autour d'eux. Il veut t'utiliser pour toucher des vies ! Alors, ose croire, sois audacieux, reste sensible à sa voix et fais du bien partout où tu vas !

PRIÈRE

Père d'amour, utilise-moi aujourd'hui pour être les mains et les pieds de Jésus ici-bas. Remplis-moi de ton amour qui chasse toute crainte, de la puissance de ton Saint-Esprit pour manifester ton Royaume sur la terre comme au ciel. Rends-moi sensible à toi, obéissant à ta voix et audacieux pour accomplir ta volonté.

Amen !

LECTURES COMPLÉMENTAIRES

Matthieu 5:14-16

« Vous êtes la lumière du monde, brillez devant les hommes. »

Jean 14:12

« Jésus dit que nous ferons les œuvres qu'il a faites,
et même de plus grandes. »

Romains 10:14-15

« Comment entendront-ils si personne ne leur parle de Jésus ? »

2 Timothée 1:7

« Dieu ne nous a pas donné un esprit de crainte, mais de puissance,
d'amour et de sagesse. »

Actes 10:38

« Jésus allait de lieu en lieu en faisant du bien
et en guérissant les malades. »

CHAPITRE TRENTE-UN

Dieu veut faire de ta vie un chef-d'œuvre

SAMUEL

Aujourd'hui, j'aimerais t'encourager à ne pas te disqualifier à cause de ton passé ou de tes erreurs. Chaque être humain fait des erreurs et prend parfois de mauvaises décisions, mais la grâce de Dieu surabonde toujours dans nos vies, nous offrant constamment de nouvelles chances.

Dieu est le plus grand des artistes. Ce que j'aime chez les grands artistes, peu importe leur discipline, c'est leur capacité à transformer ce qui semble commun, sans valeur ou même laid en un chef-d'œuvre. Ils savent voir au-delà de l'apparence immédiate et révéler une beauté cachée. C'est exactement ce que Dieu fait avec nos vies.

Peut-être as-tu l'impression que personne ne peut comprendre la gravité de tes erreurs. Pourtant, l'apôtre Paul dit dans Romains 5:20 : ***« Là où le péché a abondé, la grâce a surabondé. »***

UN EXEMPLE PUISSANT : L'APÔTRE PAUL

Avant de devenir Paul, il s'appelait Saul de Tarse. Zélé pour sa religion, il croyait que le christianisme devait être éradiqué. Il persécutait les chrétiens et avait même des autorisations légales pour les faire emprisonner et exécuter.

Mais un jour, alors qu'il se rendait à Damas dans le but de persécuter des chrétiens, une grande lumière l'a frappé et il est tombé de son cheval. Jésus lui-même lui a parlé : « ***Saul, Saul, pourquoi me persécutes-tu ?*** » Actes 9:4-5

Cette rencontre a transformé sa vie. De persécuteur, Paul est devenu l'un des plus grands missionnaires de l'histoire. Imagine la culpabilité qu'il a pu ressentir en réalisant qu'il avait persécuté et tué ceux qui allaient devenir sa propre famille. Pourtant, il a choisi de ne pas vivre dans la culpabilité. Au lieu de cela, il a accepté la rédemption offerte par Christ et a compris que la mission que Dieu mettait devant lui était plus grande que son passé de persécuteur.

Paul n'a pas seulement reçu le Christ, il a aussi reçu la rédemption de son passé. Il a accepté la nouvelle vie que Christ lui offrait et est devenu un instrument puissant entre les mains de Dieu, apportant l'Évangile aux non-juifs. Ses lettres, incluses dans la Bible, sont aujourd'hui considérées comme la parole de Dieu.

Ce que Dieu a fait pour Paul, il peut aussi le faire pour toi. Peu importe ton passé, Dieu peut faire de ta vie un chef-d'œuvre.

« Avant que je t'aie formé dans le ventre de ta mère, je te connaissais. » Jérémie 1:5

Dieu connaissait déjà Paul avant même sa naissance et avait un plan pour lui, malgré ses erreurs passées. Il en est de même pour toi : ton passé ne change pas l'appel que Dieu a sur ta vie.

« Car je connais les projets que j'ai formés sur vous, dit l'Éternel, projets de paix et non de malheur, afin de vous donner un avenir et de l'espérance. » Jérémie 29:11

Même quand tout semble brisé, Dieu a un plan de restauration. Il l'a fait pour Paul, et Il peut aussi le faire pour toi.

PRENDS AUJOURD'HUI UNE DÉCISION

Si tu te sens indigne, si tu portes encore le poids de tes erreurs, sache que Jésus t'offre une vie nouvelle aujourd'hui.

Je t'invite à faire cette prière avec foi : Seigneur, tu connais toutes mes erreurs et mes imperfections. Je reconnais que j'ai besoin de toi. Aujourd'hui, je choisis d'accepter ton pardon et de croire en la rédemption de mon passé. Je te fais confiance et je sais que tu feras de ma vie un chef-d'œuvre.

Si tu as fait cette prière avec sincérité, dans quelques mois ou années, tu regarderas en arrière et tu verras comment Dieu a transformé ta vie, en faisant de toi un témoignage vivant de Sa grâce.

DÉCLARATION DE FOI

- Je déclare que mon passé ne me définit pas !
- Là où le péché a abondé, la grâce de Dieu surabonde encore plus.
- Dieu fait toutes choses nouvelles en moi et à travers moi.
- Il fait de ma vie un chef-d'œuvre pour Sa gloire !

VERSETS COMPLÉMENTAIRES

Ésaïe 61:3

Il donne *un diadème au lieu de la cendre, une huile de joie au lieu du deuil, un vêtement de louange au lieu d'un esprit abattu.*

2 Corinthiens 5:17

« Si quelqu'un est en Christ, il est une nouvelle créature. Les choses anciennes sont passées ; voici, toutes choses sont devenues nouvelles. »

Philippiens 3:13-14

« Oubliant ce qui est en arrière et me portant vers ce qui est en avant, je cours vers le but, pour remporter le prix de la vocation céleste de Dieu en Jésus-Christ. »

Éphésiens 2:10

« Nous sommes son ouvrage, ayant été créés en Jésus-Christ pour de bonnes œuvres, que Dieu a préparées d'avance afin que nous les pratiquions. »

CHAPTRE TRENTE-DEUX

ALIGNÉ À SA VOLONTÉ

ÉMILIE

Nous vivons dans une époque où l'accomplissement personnel est au cœur des préoccupations. Il n'y a rien de mal à vouloir réaliser ses rêves — au contraire ! Dieu lui-même a des projets de paix et d'avenir pour nous. Il a littéralement le meilleur pour nous, mais nous devons le suivre et lui faire confiance tout au long du chemin.

Cependant, notre réflexion et notre logique ne sont pas toujours les meilleures guides. Parfois, le chemin qui semble logique ou stratégique selon notre perspective ne correspond pas au plan parfait de Dieu. C'est pourquoi la Bible nous exhorte : « ***Confie-toi en l'Éternel de tout ton cœur, Et ne t'appuie pas sur ta sagesse; Reconnais-le dans toutes tes voies, Et il aplanira tes sentiers.*** » Proverbes 3:5-6

Prenons l'exemple de Salomon. Lorsqu'il fut couronné roi d'Israël alors qu'il était encore jeune, il se retrouva devant Dieu dans un moment de grande décision. Dieu lui demanda : « ***Demande ce que tu veux que je te donne.*** » (1 Rois 3:5). Salomon aurait pu demander la richesse, la gloire ou la victoire sur ses ennemis, mais il choisit plutôt de demander la sagesse. Il comprenait que sans la sagesse divine, il ne pourrait pas gouverner le peuple correctement.

Ce choix, humble et aligné avec le cœur de Dieu, toucha profondément Dieu. En réponse, Dieu lui donna non seulement la sagesse, mais aussi la richesse et la gloire, plus que tout autre roi avant ou après lui. Cette histoire nous enseigne une vérité précieuse : lorsque nous mettons Dieu au centre de nos aspirations, il pourvoit au-delà de ce que nous pourrions imaginer. Jésus nous rappelle cette promesse dans Matthieu 6:33 : « ***Cherchez premièrement le royaume et la justice de Dieu ; et toutes ces choses vous seront données par-dessus.*** »

Il ne s'agit pas de ce que nous accomplissons par nos propres forces, mais de ce que Dieu accomplit en nous et à travers nous. Jésus lui-même l'a dit clairement : « ***Sans moi, vous ne pouvez rien faire.*** » Jean 15:5

Mais, l'exemple ultime nous vient de Jésus lui-même. Dans le jardin de Gethsémané, alors qu'il s'apprêtait à affronter la croix, il a prié : « ***Non pas ma volonté, mais la tienne.*** » Luc 22:42

Il en est de même pour nous. Lorsque nous mettons Dieu au centre de nos décisions, il nous conduit sur des chemins qui, bien qu'ils puissent sembler improbables ou impopulaires, s'avèrent être les meilleurs.

Je me souviens de mon arrivée à l'Église de la Victoire. J'avais un bagage ministériel et des aspirations que Dieu avait mises dans mon cœur. Cependant, à ce moment-là, l'église avait un besoin précis : il fallait bâtir une équipe pour la communication et le graphisme. Ce n'était pas ce que j'avais envisagé, même si j'avais l'expérience nécessaire, ayant lancé une entreprise dans ce domaine quelques années auparavant. Pourtant, dans la prière, Dieu m'a clairement montré que c'était la voie à suivre pour cette saison. J'ai obéi, même si humainement parlant, j'avais l'impression de stagner au lieu d'avancer. Mais Dieu connaît les chemins que nous devons emprunter pour arriver à son plan parfait.

Un an plus tard, il m'a confié la direction de Victoire Musique, et j'ai enfin vu s'accomplir ce qu'il avait déposé dans mon cœur depuis longtemps. Mais avant d'y arriver, il fallait d'abord passer par une étape qui ne correspondait pas à ma logique humaine.

En regardant en arrière, je vois clairement que chaque moment de mon parcours, même ceux qui semblaient moins stratégiques à mes yeux, faisaient partie du plan parfait de Dieu. Ce qui peut sembler être un détour ou un pas en arrière est souvent un tremplin divin vers une plus grande bénédiction.

Je t'encourage donc à ne pas être découragé lorsque les chemins que Dieu te montre ne correspondent pas toujours à tes aspirations. C'est dans l'obéissance, l'humilité et la recherche de sa sagesse que nous découvrons la véritable réussite. Lorsque nous plaçons Dieu au centre de nos aspirations, il ouvre des portes et nous conduit vers des choses bien plus grandes que ce que nous aurions pu imaginer.

Peu importe la saison que tu traverses, souviens-toi que Dieu sait exactement ce qu'il fait. Son plan dépasse de loin tout ce que nous pouvons concevoir. Fais-lui confiance et laisse-le diriger tes pas un jour à la fois. Dieu est bon et il a le meilleur en réserve pour toi !

PRIÈRE

Père éternel, merci pour ton amour infini et ta fidélité envers moi. Merci pour ta bénédiction qui repose sur ma vie. Tu es mon bon Berger, celui qui me guide sur le droit chemin, là où le bonheur et la grâce m'accompagnent chaque jour.

Aujourd'hui, je choisis de me confier pleinement en toi, de marcher par la foi et non par la vue, peu importe ce que je ressens ou ce que je traverse. Je reçois avec gratitude ton Esprit de sagesse et de révélation, afin de mieux te connaître et de suivre tes voies.

Merci pour ta Parole, qui est une lampe à mes pieds et une lumière sur mon sentier. Enseigne-moi tes chemins et conduis-moi sur la voie de l'éternité. Que ta volonté parfaite s'accomplisse dans ma vie, pour la gloire de ton saint nom. Amen.

LECTURES COMPLÉMENTAIRES

Romains 12:1-2 (BDS)

Je vous recommande donc, frères et sœurs, à cause de cette immense bonté de Dieu, à lui offrir votre corps comme un sacrifice vivant, saint et qui plaise à Dieu. Ce sera là de votre part un culte raisonnable. Ne prenez pas comme modèle le monde actuel, mais soyez transformés par le renouvellement de votre intelligence, pour pouvoir discerner la volonté de Dieu : ce qui est bon, ce qui lui plaît, ce qui est parfait.

Proverbes 3:5-6 (BDS)

« Mets ta confiance en l'Éternel de tout ton cœur, et ne te repose pas sur ta propre intelligence. Cherche à connaître sa volonté pour tout ce que tu entreprends, et il te conduira sur le droit chemin. »

Jérémie 29:11 (PDV)

« Oui, moi, le Seigneur, je connais les projets que je forme pour vous. Je le déclare : ce ne sont pas des projets de malheur mais des projets de bonheur. Je veux vous donner un avenir plein d'espérance. »

Jacques 1:5

« Si quelqu'un d'entre vous manque de sagesse, qu'il la demande à Dieu, qui donne à tous simplement et sans reproche, et elle lui sera donnée. »

Éphésiens 1:17 (BDS)

« Je demande que le Dieu de notre Seigneur Jésus-Christ, le Père qui possède la gloire, vous donne, par son Esprit, sagesse et révélation, pour que vous le connaissiez. »

CHAPITRE TRENTE-TROIS

L'ENCOURAGEMENT : UN DON À PARTAGER

SAMUEL

As-tu déjà remarqué à quel point un simple mot d'encouragement peut illuminer ta journée ?

Chaque dimanche, avant le culte, je prends quelques instants pour traverser le hall d'entrée de l'église. J'y croise souvent Suzanne et Alain, un couple qui respire la joie. Toujours souriants, ils prennent le temps de me saluer, de me remercier et de m'encourager. Ces quelques paroles ont un effet immédiat sur moi, comme une boisson énergisante spirituelle qui me fortifie avant le service.

Dans 1 Thessaloniciens 5:11, l'apôtre Paul dit ceci : « ***Encouragez-vous les uns les autres et aidez-vous mutuellement à grandir dans la foi.*** » (BDS)

L'encouragement n'est pas seulement une belle intention,

c'est un commandement biblique. Tu dois alors choisir intentionnellement d'être généreux dans tes encouragements. Ils n'ont pas été conçus pour être gardés pour toi, mais pour être semés autour de toi. Ils ne t'apporteront ni plus de richesse, ni plus de succès, ni une vie plus longue, mais ils ont le pouvoir de transformer la journée, et parfois même la vie, de quelqu'un. Alors, deviens une source d'encouragement pour ceux qui t'entourent !

UN HÉRITAGE D'ENCOURAGEMENT

Dans Actes 4:36, nous découvrons un homme nommé Joseph. Pourtant, les apôtres ont choisi de lui donner un surnom : Barnabas, ce qui signifie « l'homme qui encourage ». Son attitude et ses paroles étaient si marquées par l'encouragement que son véritable nom a été éclipsé par cette qualité remarquable.

Et toi, si les gens devaient te surnommer en fonction de ton impact sur eux, quel nom te donneraient-ils ?

L'encouragement est un trésor que tout le monde peut offrir. Peu importe notre âge, notre statut ou nos capacités, nous avons tous la possibilité d'apporter de l'espoir à quelqu'un. Derrière chaque visage se cache une histoire, des combats intérieurs que nous ne soupçonnons pas. Une parole d'encouragement peut raviver la force d'une personne en difficulté, tout en fortifiant, motivant et activant la destinée de Dieu sur sa vie.

UNE COLLABORATION AVEC LE SAINT-ESPRIT

En tant qu'enfants de Dieu, nous avons le privilège de marcher avec le Saint-Esprit. Nous devons réaliser que Dieu est avec nous aussi lorsque nous exerçons ce don. Donc ouvre ton cœur et ton entendement spirituel, car Dieu veut collaborer avec toi afin que tu sois une source d'encouragement.

T'est-il déjà arrivé de penser soudainement à quelqu'un ? Eh bien, c'est une occasion de collaborer avec le Saint-Esprit ! Prie pour cette personne et envoie-lui un message en lui disant : « Salut, je prie pour toi », puis encourage-la.

La prière est puissante et efficace, tandis que les paroles réconfortent l'âme. En agissant ainsi, tu révèles le cœur de Dieu à cette personne et lui rappelles qu'elle est précieuse à ses yeux. Dis-toi bien que si le Saint-Esprit te pousse à penser à quelqu'un, c'est que cela a une importance.

La Bible nous rappelle dans Éphésiens 4:29 : « ***Qu'il ne sorte de votre bouche aucune parole mauvaise, mais, s'il y a lieu, quelque bonne parole, qui serve à l'édification et communique une grâce à ceux qui l'entendent.*** »

Dieu a voulu que l'encouragement ait un impact puissant. Ne le garde pas pour toi, distribue-le sans compter. C'est un don gratuit et inestimable.

EXERCICE DU JOUR

Prends quelques minutes et demande à Dieu de te révéler qui a besoin d'encouragement aujourd'hui.

- Commence à prier pour la première personne qui te vient à l'esprit.
- Trouve dans la Parole un verset qui fortifiera son esprit.
- Entre en contact avec elle, que ce soit en personne, par téléphone ou par message. Dis-lui qu'elle était sur ton cœur aujourd'hui et que Dieu pense à elle.
- Partage-lui le verset d'encouragement.

Cet exercice peut être répété chaque jour, et même plusieurs fois dans la journée. N'hésite pas à recommencer !

VERSETS COMPLÉMENTAIRES

Proverbes 16:24

« Les paroles agréables sont un rayon de miel : douces pour l'âme et salutaires pour le corps. »

Hébreux 10:24-25

« Veillons les uns sur les autres pour nous inciter à l'amour et aux bonnes œuvres. N'abandonnons pas notre assemblée, comme c'est la coutume de quelques-uns ; mais exhortons-nous réciproquement, et cela d'autant plus que vous voyez s'approcher le jour. »

CHAPITRE TRENTE-QUATRE

Surmonter l'insécurité

ÉMILIE

Dieu désire que tu réussisses et que tu accomplisses pleinement toutes les œuvres qu'Il a préparées pour toi. Il veut que tu deviennes cette personne exceptionnelle et unique qu'il a crée. Tu as reçu de la part du Seigneur une portion bien à toi, une grâce particulière à déverser sur ceux qui t'entourent avec amour.

Cependant, l'un des outils les plus puissants que l'ennemi utilise pour te neutraliser et t'empêcher d'accomplir ta destinée est l'insécurité.

L'insécurité est tellement destructrice qu'elle peut causer des ravages non seulement dans ta vie, mais aussi dans celle des autres. Si tu lui laisses de la place, elle te poussera à te mépriser toi-même, voire à mépriser ceux qui t'entourent.

Elle peut se manifester de différentes façons, que ce soit à travers des blessures émotionnelles, des paroles négatives dites contre toi, ou simplement par des mensonges que tu finis par croire sur toi-même. Par exemple, l'insécurité peut te faire croire que :

- tu n'es pas à la hauteur;
- tu n'es pas assez bon;
- il te manque toujours quelque chose;
- tu n'es pas à la bonne place;
- tu n'es pas apprécié;
- personne ne voit ce que tu fais;
- tu ne réussiras pas;
- ce que tu dis ou ce que tu fais n'a pas de valeur;
- tu n'y arriveras jamais.

En acceptant ces mensonges, tu te laisses envahir par la peur et tu deviens émotionnellement fragile. Tu pourrais alors chercher à contrôler les autres par crainte ou devenir méfiant, critique et même écraser ceux autour de toi pour te protéger. L'insécurité ouvre la porte à la comparaison, générant en toi de la jalousie face à ceux qui réussissent. Elle te fait aussi perdre la joie de te réjouir du bonheur des autres. Petit à petit, sans même t'en rendre compte, tu commences à te concentrer davantage sur ton propre élèvement que sur l'avancement du royaume de Dieu. Tu crois au mensonge que rien de bon ne peut t'arriver et que les autres sont responsables de tes échecs.

Si un ou plusieurs de ces points résonnent en toi, c'est probablement que tu t'es retrouvé sur le terrain dangereux de l'insécurité.

La bonne nouvelle, c'est que Dieu t'aime, et qu'il met ces choses à la lumière maintenant, non pour te condamner, mais afin que tu puisses être complètement libre ! Comme il est écrit dans 1 Jean 4:18 : « ***Dans l'amour, il n'y a pas de place pour la crainte, car l'amour parvenu à une pleine maturité chasse toute crainte !*** » (BDS)

Si tu luttes avec ces pensées, il est temps d'ouvrir ta bouche, d'utiliser ton épée de l'Esprit, qui est la Parole de Dieu, et de réfuter tous ces mensonges. Rappelle-toi que tu es plus que vainqueur en Jésus-Christ !

Je t'encourage vivement à prendre du temps avec Dieu, à Lui

permettre d'aller en profondeur pour guérir ton cœur. Prends le temps de méditer sur 1 Jean 4 et 1 Corinthiens 13, des passages qui nous parlent de l'amour, une clé essentielle pour ta pleine restauration.

EXERCICE DU JOUR

Je t'invite à proclamer avec moi ces déclarations inspirées de la Parole de Dieu. Ne te précipite pas. Choisis celles qui résonnent dans ton cœur, déclarent-les avec foi, et laisse Dieu accomplir une œuvre profonde en toi. »

Tu es précieux et chéri aux yeux de ton Père céleste !

- L'amour de Dieu pour moi est inébranlable, éternel, et ne dépend de rien d'autre que de sa nature immuable. (Jérémie 31:3)
- L'amour de Dieu est si grand qu'il a donné son propre Fils pour ma vie. (Jean 3:16)
- Son amour est la source de tout. Avant même que je ne l'aime, il m'aimait déjà. Je n'ai rien à faire pour gagner son affection. Son amour est un don gratuit, manifesté en Jésus-Christ. (1 Jean 4:19, Romains 5:8)

Tu es une créature merveilleuse, créée à l'image de Dieu.

- Je suis une œuvre précieuse de Dieu, façonnée avec soin et intention. (Psaume 139:14)

- J'ai une immense valeur aux yeux de Dieu, et son amour pour moi est inébranlable. (Ésaïe 43:1 et 4)
- Je suis créé à l'image de Dieu, portant en moi sa ressemblance et sa valeur infinie. (Genèse 1:27)
- J'ai reçu le don et le privilège d'être enfant de Dieu. (Romains 8:15-16, 1 Jean 3:1)

Marche avec confiance dans ton identité en Christ !

- En Jésus, j'ai reçu le privilège et la grâce d'être enfant de Dieu. Je ne suis plus esclave de la peur, mais un héritier, comblé de toutes les bénédictions du royaume de Dieu. (Éphésiens 1:3-11, Jean 1:12, Romains 8:15-16, 1 Jean 3:1)
- En tant qu'enfant du Roi des rois, je suis appelé à régner avec Lui, à marcher dans son autorité et à manifester son règne ici-bas. (1 Pierre 2:9, Apocalypse 1:6, Romains 5:17)
- Mon héritage en Christ ne se limite pas à l'Éternité mais dès maintenant afin de vivre dans la victoire qu'Il a acquise pour moi. (Marc 10:29-30, Éphésiens 1:3)

Tu ne manques de rien !

- En Christ, j'ai tout ce dont j'ai besoin pour marcher dans ma destinée. Il est ma source, mon identité et ma plénitude. Je suis complet et comblé en lui. (Colossiens 2:10, 2 Timothé 1:7)
- Dieu prend soin de moi en tout temps. Il est mon Berger fidèle, veillant sur chaque détail de ma vie. Il est ma source et je ne manque de rien. (Psaumes 23:1)
- En Christ, je ne suis jamais démuni. Il est ma source inépuisable,

pourvoyant à chaque besoin spirituel, émotionnel et matériel. Mon cœur est en paix, car je sais que Dieu pourvoit toujours. (Philippiens 4:19, 3 Jean 1:2)

- Je vis dans l'abondance, car je mets en pratique les lois spirituelles de Dieu. (Malachie 3:10)

Tu es béni et hautement favorisé en Jésus-Christ.

- Grâce à l'œuvre de Jésus, je suis béni et libéré de toute malédiction. La bénédiction d'Abraham est pleinement sur ma vie, et je reçois la plénitude de l'Esprit pour accomplir les œuvres divines. (Galates 3:13-14)
- Dieu bénit tout ce que j'entreprends. Sa faveur est sur moi dans chaque aspect de ma vie. (Deutéronome 28:8)
- Je suis un chef-d'œuvre de Dieu, créé pour accomplir des œuvres bonnes et précieuses qu'il a préparées spécialement pour moi. (Éphésiens 2:10)

DÉCLARATIONS

Je ne suis pas guidé par mes insécurités ou la peur !
Je ne suis pas guidée par un esprit de pauvreté ou de manque. Mais je suis guidé par l'Esprit de Dieu, l'Esprit de vérité, qui me remplit de sagesse, d'intelligence et d'amour.
Je vie l'abondance, je suis prospère et en bonne santé spirituellement, émotionnellement et physiquement dans le nom de Jésus-Christ !

CHAPTRE TRENTE-CINQ

DE L'INCONFORT À LA PAIX

SAMUEL

PSAUME 23

L'Éternel est mon berger : je ne manquerai de rien.
l me fait reposer dans de verts pâturages,
Il me dirige près des eaux paisibles.
Il restaure mon âme,
Il me conduit dans les sentiers de la justice,
À cause de son nom.
Quand je marche dans la vallée de l'ombre de la mort,
Je ne crains aucun mal, car tu es avec moi :
Ta houlette et ton bâton me rassurent.
Tu dresses devant moi une table,
En face de mes adversaires ;
Tu oins d'huile ma tête,
Et ma coupe déborde.
Oui, le bonheur et la grâce m'accompagneront
Tous les jours de ma vie,
Et j'habiterai dans la maison de l'Éternel
Jusqu'à la fin de mes jours.

UN LIEU D'INCONFORT, UNE PORTE VERS UNE NOUVELLE SAISON

La Bible ne nous promet pas une vie exempte de combats, mais elle nous assure que Dieu est avec nous au milieu d'eux. Si la victoire existe, c'est parce qu'un combat a été mené. L'enjeu n'est donc pas l'épreuve elle-même, mais à partir de quelle fondation nous la traversons. Lorsque tu traverses une saison d'inconfort, d'incertitude ou d'épreuves, sache que cet endroit, aussi difficile soit-il, peut devenir une plateforme de transformation et de percée divine.

TRANSFORMER LA DÉTRESSE EN PAIX

La Bible nous raconte de nombreux récits où des hommes et des femmes ont traversé des moments d'adversité intense. Nous n'avons qu'à penser à Daniel, qui a été jeté dans la fosse aux lions pour sa fidélité à Dieu. David, pourtant oint pour être roi, a dû fuir pendant des années devant Saül. Pierre, après la crucifixion de Jésus, s'est retrouvé dans le doute et la peur, croyant avoir échoué en tant que disciple. Chacun de ces hommes a vécu une saison de crise, et ils en sont ressortis victorieux. Un des récits les plus marquants sur ce sujet est celui de Gédéon, dans le livre des Juges.

Lorsque l'ange de l'Éternel lui apparaît, Gédéon se cache, battant du blé en secret pour échapper aux Madianites. Son peuple est opprimé, ses ressources sont pillées, et il vit dans la crainte. Comme beaucoup, il se demande où est Dieu au milieu de cette souffrance.

Pourtant, c'est précisément dans cet endroit de détresse que Dieu vient le rencontrer et l'appeler à un destin plus grand. Gédéon doute, questionne, hésite... Mais lorsqu'il réalise qu'il se tient en présence de l'ange de l'Éternel, il fait quelque chose de significatif :

« Gédéon bâtit là un autel à l'Éternel, et lui donna pour nom

l'Éternel-Paix (Yahweh Shalom). **»** Juges 6:24

Avant même que les circonstances ne changent, Gédéon établit un lieu de paix. Il comprit que la paix de Dieu n'était pas conditionnée par l'absence de difficultés, mais par la confiance en sa présence. C'est à partir de là qu'il entreprit le combat. Rien n'était encore accompli, les situations n'avaient pas changé, mais sa perspective, elle, avait changé. Fortifié par la certitude que Dieu était avec lui, Gédéon pouvait désormais avancer avec foi et obéissance.

Tout comme Gédéon, tu peux être confronté à l'incertitude, aux défis et aux combats. Mais ce qui fera la différence, ce n'est pas seulement la bataille, c'est l'endroit d'où tu la mènes.

DÉCLARE LA PAIX DE DIEU SUR TA SITUATION

Peu importe ce que tu traverses aujourd'hui, refuse de ne voir que la vallée. Ne laisse pas la difficulté t'empêcher de discerner la présence du bon berger à tes côtés. Il ne t'abandonne pas dans la vallée de l'ombre de la mort, mais il te conduit vers de verts pâturages et des eaux paisibles. Aujourd'hui, prends la décision de ne pas craindre. Déclare avec foi que Dieu est avec toi :

« Quand je marche dans la vallée de l'ombre de la mort, je ne crains aucun mal, car tu es avec moi » Psaumes 23:4

Ce n'est pas la vallée qui détermine ton avenir. Laisse Dieu te conduire. Il veut te faire reposer dans sa paix, restaurer ton âme et te mener sur les sentiers de la justice. Ce que tu vis aujourd'hui n'est pas la destination finale, mais une étape où Dieu est en train de manifester sa fidélité.

Déclare avec confiance :

« Seigneur, tu dresses devant moi une table, en face de mes adversaires. Tu oins d'huile ma tête, et ma coupe déborde » Psaumes 23:5

Même au milieu de l'épreuve, Dieu prépare pour toi un festin de bénédictions et de renouveau. Alors aujourd'hui, **choisis de proclamer la paix de Dieu sur ta situation**. Alors ton lieu de détresse devient un lieu de *Yahweh Shalom.*

PRIÈRE

Seigneur mon Dieu, merci d'être mon berger fidèle, présent même dans les vallées les plus sombres. Je choisis de ne pas marcher dans la peur, mais de me reposer en paix. Comme Gédéon, je déclare que tu es *Yahweh Shalom*, et je bâtis un autel de paix au cœur de ma situation. Tu dresses une table devant moi, tu oins ma tête, et ma coupe déborde de ta grâce. Restaure mon âme, dirige mes pas, et que ta paix règne en moi aujourd'hui. Je proclame que le bonheur et la grâce m'accompagnent.

Au nom de Jésus, amen.

VERSETS COMPLÉMENTAIRES

Ésaïe 26:3 (S21)

« À celui qui est ferme dans ses sentiments, tu assures une paix profonde, parce qu'il se confie en toi. »

1 Jean 5:4

« Car tout ce qui est né de Dieu triomphe du monde, et la victoire qui triomphe du monde, c'est notre foi. »

Ésaïe 43:1-2

Si tu traverses les eaux, je serai avec toi; Et les fleuves, ils ne te submergeront point; Si tu marches dans le feu, tu ne te brûleras pas, Et la flamme ne t'embrasera pas. Ainsi parle maintenant l'Éternel, qui t'a créé, ô Jacob! Celui qui t'a formé, ô Israël! Ne crains rien, car je te rachète, Je t'appelle par ton nom: tu es à moi!

CHAPITRE TRENTE-SIX

Dieu désire ton bonheur

ÉMILIE

Savais-tu que Dieu désire profondément te voir heureux ? Trop souvent pourtant, je rencontre des chrétiens qui vivent dans la tristesse et la défaite, comme s'ils portaient un fardeau trop lourd à porter. Cela me touche profondément, car Jésus est venu pour nous donner la vie en abondance ! (Jean 10.10) En Christ, nous avons reçu une vie nouvelle, remplie de sa présence, de son amour et de sa joie. Nous ne sommes plus esclaves, ni sous l'emprise de l'ennemi — nous sommes enfants de Dieu, héritiers de ses promesses, appelés à marcher dans sa paix et le bonheur.

LA VICTOIRE DE CHRIST NOUS DONNE ACCÈS À LA VRAIE JOIE

La Bible nous enseigne que Jésus a déjà remporté la victoire. Il a dépouillé les dominations et les autorités et les a livrées publiquement en spectacle, triomphant d'elles par la croix (Colossiens 2.15). Parfois, nous percevons le combat spirituel comme une lutte acharnée contre un ennemi redoutable. Mais en réalité, l'ennemi est déjà vaincu ! À la croix, Jésus a triomphé des ténèbres et nous a donné l'autorité pour régner dans la vie et marcher dans le bonheur qu'il a acquis pour nous au prix de sa vie.

Cependant, cette réalité ne s'impose pas automatiquement. Comme il nous l'a enseigné, nous devons y croire, la proclamer avec foi, et marcher dans cette vérité pour en voir la manifestation concrète dans notre quotidien.

« Voici, je vous ai donné le pouvoir de marcher sur les serpents et

les scorpions, et sur toute la puissance de l'ennemi ; et rien ne pourra vous nuire. **»** Luc 10.19

Nous ne sommes pas appelés à vivre dans la peur ou la lutte incessante, mais dans la liberté, la paix et la joie. En fait, les chrétiens devraient être les personnes les plus heureuses du monde !

« Christ nous a rendus libres pour que nous connaissions la vraie liberté. C'est pourquoi tenez bon et ne vous mettez pas à nouveau sous le joug de l'esclavage. » Galates 5.1

Samuel et moi avons dû faire ce choix de ne pas laisser l'opposition nous voler notre joie. Je me souviens d'un moment critique lorsque Dieu nous a appelés à quitter la ville de Québec — où nous avions servi pendant de plusieurs années — pour aller œuvrer dans une église dans la grande région de Montréal. Nous vivions tellement d'oppositions. Dans le naturel, tout semblait se dresser contre nous. Mais nous savions que nous étions dans la volonté de Dieu, qu'il était avec nous et que nous devions gagner ce combat.

Alors, ensemble, nous avons choisi de nous positionner fermement, déclarant comme Néhémie face à l'opposition : « ***la joie du Seigneur est notre force.*** » (Néhémie 8:10) Nous avons décidé de croire que la Parole de Dieu est la vérité, peu importe. Nous avons refusé de laisser les circonstances dicter notre foi et voler notre joie. Nous avons fait le choix intentionnel de vivre selon sa perspective, dans la reconnaissance pour ce qu'Il avait déjà placé entre nos mains, tout en déclarant constamment sa Parole.

Il nous est même arrivé, lorsque l'opposition devenait si intense et illogique, de choisir volontairement d'en rire à haute voix, Samuel et moi. Oui, littéralement rire, comme un acte de foi, en nous alignant sur la perspective céleste de Dieu. Car en riant, nous prophétisions et proclamions notre foi sur la situation : même si nous ne savions pas comment agir sur le moment, Dieu, lui, demeurait sur son trône et allait intervenir en notre faveur.

Chaque fois que nous avons fait cela, l'atmosphère de lourdeur et de découragement se dissipait, laissant place à la clarté pour ainsi recevoir la stratégie divine de Dieu.

« Mais, dans les cieux, sur son trône, Le Seigneur se moque d'eux et les tourne en dérision. » Psaumes 2:4 (PV)

Ainsi nous avons pu ressortir plus que vainqueurs ! Aujourd'hui, pouvons témoigner puissamment de ce que Dieu a miraculeusement accompli — non seulement pour nous, mais aussi pour nos enfants. Dieu a transformé en bien ce que l'ennemi a voulu utiliser contre nous.

LE BONHEUR DIVIN, UN CADEAU POUR TOUS SES ENFANTS

Dieu ne désire pas seulement ton salut, mais aussi ton bonheur profond et durable. Comme il est écrit dans Psaumes 16:11 : « ***Tu me fais connaître le sentier de la vie ; il y a d'abondantes joies dans ta présence, un bonheur éternel à ta droite.*** »

Le bonheur en Christ n'est pas une simple émotion passagère, mais une réalité ancrée dans le *shalom* de Dieu : une paix parfaite, une joie profonde, un bien-être véritable.

LE *SHALOM* DE DIEU : VOILÀ LE VRAI BONHEUR !

Le mot hébreu *shalom* (שָׁלוֹם), souvent traduit par « paix », va bien au-delà d'un simple état de tranquillité. C'est un concept profond, global, riche de sens et de promesses :

- Paix avec Dieu, avec les autres et avec soi-même
- Bien-être physique, émotionnel et spirituel
- Prospérité dans tous les aspects de la vie
- Sécurité et protection sous sa main puissante
- Joie profonde, même au milieu des épreuves
- Restauration de tout ce qui a été brisé
- Harmonie avec le plan parfait de Dieu

Ce shalom est le rêve de Dieu pour ta vie. Il veut que tu vives pleinement, libre de l'oppression, ancré dans son amour, rempli de sa paix et de sa joie.

DIEU PREND PLAISIR À TON BONHEUR

Dieu prend plaisir à te voir épanoui ! Ainsi, quand Dieu parle de paix, Il parle d'un état où tout est restauré : ton âme, ton corps, tes relations, ta situation. C'est un retour à ce que Dieu avait prévu à l'origine dans le jardin d'Éden. Et c'est ce que Jésus est venu rétablir !

« Il sera appelé... Prince de la Paix** (shalom)**. » Ésaïe 9:6

Jésus n'est pas seulement venu mettre fin aux conflits : il est venu restaurer toutes choses. Il est le Prince de la paix (*shalom*), celui qui nous réconcilie avec Dieu et nous rend capables de vivre pleinement dans Sa paix, ici et pour l'éternité.

« Que l'Éternel est grand, lui qui désire le bonheur (shalom) de son serviteur ! » Psaumes 35:27 (BDS)

Tu as été créé pour expérimenter la plénitude de Dieu. Comme un arbre solidement enraciné près d'un courant d'eau, ta vie peut être stable, féconde et prospère, peu importe les circonstances.

« Béni soit l'homme qui met sa confiance en l'Éternel et qui fonde sur l'Éternel toute son assurance. Il sera comme un arbre planté près d'un cours d'eau... il ne cesse pas de produire du fruit. » Jérémie 17.7-8

Dieu ne promet pas une vie sans défis, mais une vie victorieuse où sa paix et sa joie surpassent toute opposition.

PRIÈRE

Père celeste, merci parce que tu désires mon bonheur. Tu n'es pas un Dieu de tristesse, mais un Dieu de vie, de paix et de joie. Aujourd'hui, je choisis de m'ancrer dans ta parole, de croire à tes promesses et de te faire pleinement confiance. Je déclare que ta paix m'enveloppe, que ton *shalom* remplit ma vie – rien de brisé, rien de manquant – et que je prospère, comme prospère l'état de mon âme. Je rejette la peur, le doute et toute mentalité de manque. Je reçois ton amour, ta faveur et ton abondance. Je choisis de rire devant l'ennemi, car je sais que tu manifesteras ta gloire dans ma vie et que tu transformeras en bien tout ce que l'ennemi avait formé contre moi. Ta joie est ma force aujourd'hui, et je m'attends à voir tes bontés se manifester dans chaque domaine de ma vie. Dans le nom de Jésus, amen.

VERSETS COMPLÉMENTAIRES

Jérémie 17.7-8

Béni soit l'homme qui se confie dans l'Éternel, Et dont l'Éternel est l'espérance! Il est comme un arbre planté près des eaux, Et qui étend ses racines vers le courant; Il n'aperçoit point la chaleur quand elle vient, Et son feuillage reste vert; Dans l'année de la sécheresse, il n'a point de crainte, Et il ne cesse de porter du fruit.

Deutéronome 30.9

L'Éternel prendra de nouveau plaisir à ton bonheur...

Psaume 35.27

L'Éternel prend plaisir à la prospérité (shalom) de son serviteur.

Psaume 34.15

Recherche la paix (shalom) et poursuis-la avec ténacité.

Deutéronome 28

Les bénédictions liées à l'obéissance et à l'alliance divine.

Psaumes 23:6

Le bonheur et la grâce m'accompagneront tous les jours de ma vie.

Néhémie 8:10

La joie du Seigneur est ma force.

CHAPITRE TRENTE-SEPT

LES 4 CLÉS DE LA RÉUSSITE

SAMUEL

La réussite est un désir commun à tous. Mais comment y parvenir ? Aujourd'hui, je partage avec toi quatre principes concrets qui peuvent accélérer ton ascension. La bonne nouvelle ? Aucune aptitude spéciale n'est requise, seulement de la discipline et de la persévérance.

1. FAIRE TOUT AVEC EXCELLENCE

« Quel que soit votre travail, faites-le de tout votre cœur, et cela comme pour le Seigneur et non pour des hommes. » Colossiens 3:23 (BDS)

Dans tout ce que tu entreprends, efforce-toi de le faire avec un esprit d'excellence. Cela ne signifie pas rechercher la perfection, mais plutôt décider que ton travail portera une empreinte de qualité et de hauts standards. Fais les choses avec conviction, et pas simplement pour t'en débarrasser ou par impatience de passer à un nouveau projet.

Mais voici la clé : lorsque tu fais chaque tâche avec excellence, les gens finiront par associer ton nom à la qualité et à la fiabilité. Avec le temps, cette attitude te démarquera et ouvrira des portes insoupçonnées.

2. GESTION DU TEMPS

Apprends à bien évaluer le temps nécessaire pour tes projets.

Si tu ne prévois pas assez de temps, tu risques d'être constamment sous pression et de bâcler ton travail. À l'inverse, si tu planifies trop de temps, tu perdras en productivité. Sur une longue période, cela peut entraîner une perte importante de ressources, sans oublier tout ce que tu aurais pu accomplir avec ce temps supplémentaire.

Si tu apprends rapidement à gérer le temps, tu obtiendras plus rapidement des résultats qualitatifs et quantitatifs.

3. HONNEUR ET INTÉGRITÉ

Dans ta vie professionnelle et personnelle, traite les autres avec honneur et intégrité. Que ce soit envers tes supérieurs, collègues, employés ou clients, choisis d'agir avec cette attitude.

Quelques principes simples :

- Ne surfacture pas ton temps.
- Respecte tes engagements et sois ponctuel.
- Évite les commérages et les conflits inutiles.
- Si tu dois quitter un poste, fais-le dans l'ordre et avec reconnaissance.

Comprends la vision de ton leader et engage-toi avec intégrité. Avec cette attitude, un bon leader sera attentif à tes conseils, et tu pourras ainsi apporter des changements.

Si tu dois quitter un poste ou changer de rôle, ne brûle jamais les ponts ! Même dans les situations difficiles, honore les bonnes choses que Dieu a accomplies à travers les personnes et les organisations que tu as côtoyées. Tu ne sais pas ce que l'avenir te réserve, et il se peut qu'un jour tu doives retraverser ce pont. Si tu as toujours travaillé avec honneur et intégrité, cela t'évitera bien des détours compliqués.

« Celui qui marche dans l'intégrité marche avec assurance, mais celui qui prend des voies tortueuses sera découvert. » Proverbes 10:9

4. TRAVAILLER EN ÉQUIPE

Respecte ton champ d'action, mais garde toujours une main

tendue vers les autres. Sois serviable, comme Jésus l'a été. Le vrai leadership ne se mesure pas à l'autorité que tu exerces, mais à l'impact que tu as sur ceux qui t'entourent. Tu peux être un leader fort tout en faisant preuve d'empathie et en étant prêt à aider.

Si tu remarques un papier au sol, prends l'initiative de le ramasser et de le jeter. Si quelqu'un cherche une place autour d'une table, sois le premier à te lever pour lui trouver une chaise. Ces gestes, bien que simples, révèlent une posture de cœur.

Lorsque tu es placé en position de leadership, apprends à discerner les forces de ceux qui t'entourent. Cherche à les mettre en valeur, à leur donner des opportunités qui les feront briller. Le vrai succès ne réside pas dans le fait que ton nom soit reconnu, mais dans la croissance et l'épanouissement de ton équipe. Ce qui importe vraiment, c'est le fruit du travail accompli ensemble.

Alors, ne t'inquiète pas. Si tu choisis d'agir avec intégrité et humilité, ton leadership sera naturellement reconnu avec le temps.

UN SUCCÈS QUI DURE

En terminant, développer tes dons et tes aptitudes sera essentiel pour ton ascension, mais une fois au sommet, ce qui te permettra d'y rester, c'est ton attitude et ton caractère.

Nous vivons dans une époque où tout doit aller vite, où le

succès semble instantané. Mais si tu veux avoir du succès pendant des années, il te faudra investir du temps et des efforts dans ces quatre principes que nous avons vus ensemble. Sois patient, résilient et constant ! Médite la Parole de Dieu, reconnais-le dans toutes tes voies, et il aplanira tes sentiers.

7 VERSETS DE DÉCLARATION POUR LA RÉUSSITE

1. Josué 1:8

« Que ce livre de la loi ne s'éloigne point de ta bouche ; médite-le jour et nuit pour agir fidèlement selon tout ce qui y est écrit ; car c'est alors que tu auras du succès dans tes entreprises, c'est alors que tu réussiras. »

2. Proverbes 3:5-6

« Confie-toi en l'Éternel de tout ton cœur, et ne t'appuie pas sur ta sagesse ; reconnais-le dans toutes tes voies, et il aplanira tes sentiers. »

3. Psaumes 90:12

« Enseigne-nous à bien compter nos jours, afin que nous appliquions notre cœur à la sagesse. »

4. Proverbes 22:29

« Si tu vois un homme habile dans son ouvrage, il se tient auprès des rois ; il ne se tient pas auprès des gens obscurs. »

5. Luc 16:10

« Celui qui est fidèle dans les moindres choses l'est aussi dans les grandes, et celui qui est injuste dans les moindres choses l'est aussi dans les grandes. »

6. Colossiens 3:23-24

« Tout ce que vous faites, faites-le de bon cœur, comme pour le Seigneur et non pour des hommes, sachant que vous recevrez du Seigneur l'héritage pour récompense. Servez Christ, le Seigneur. »

7. Psaume 1:1-3

« Heureux l'homme qui ne marche pas
selon le conseil des méchants,
qui ne s'arrête pas sur la voie des pécheurs,
et qui ne s'assied pas en compagnie des moqueurs,
mais qui trouve son plaisir dans la loi de l'Éternel,
et qui la médite jour et nuit !
Il est comme un arbre planté près d'un courant d'eau,
qui donne son fruit en sa saison,
et dont le feuillage ne se flétrit point :
tout ce qu'il fait lui réussit. »

CHAPITRE TRENTE-HUIT

Le repos divin : dans l'intimité de Dieu

ÉMILIE

« C'est dans la tranquillité et le repos que sera votre salut, c'est dans le calme et la confiance que sera votre force. » Ésaïe 30:15

Dans le monde actuel, où nous sommes constamment sollicités de toutes parts et où tout va si vite, nous sommes inondés d'informations, de stimuli, de loisirs, de programmes, et c'est extraordinaire ! Cependant, si nous manquons de sagesse et de discernement, nous risquons de nous perdre rapidement dans un tourbillon malsain, de nous épuiser, de vivre dans le stress, et de ne pas expérimenter pleinement la vie abondante que Dieu a en réserve pour nous et nos proches. Dieu nous donne un commandement clair dans le Psaume 46:10 : **« *Arrêtez,*** *(soyez tranquille)* ***et sachez que je suis Dieu.*** »

Je me souviens de cette saison où mes enfants étaient encore en bas âge. Il fallait vraiment que je sois très intentionnelle pour prendre du temps de repos avec Dieu, afin d'être rafraîchie et remplie, pour pouvoir être une bonne maman face à la journée intense qui m'attendait. Je me souviens de ces matins où je descendais sur la pointe des pieds, comme une souris, pour aller dehors au lever du soleil, veillant à ne faire aucun bruit afin de ne pas réveiller mes enfants qui étaient déjà si matinaux ! Mais, quel moment merveilleux passé avec le Seigneur, à l'aube du jour, avec les premiers rayons du soleil frappant directement ma porte d'entrée... Ces instants, bien que courts, étaient si précieux et remplis de sa présence. Ils me fortifiaient, me donnant la patience, l'amour et la constance dont mes enfants avaient besoin. Cela m'a permis de garder un environnement sain et imprégné de sa présence au cœur de mon foyer. C'était tellement vital et important !

Nous devons apprendre à nous arrêter, à nous aligner dans le calme de sa présence, à faire taire les bruits et les distractions pour être à l'écoute de sa voix, pour entendre son doux chuchotement, recevoir ses instructions, ses conseils, ses stratégies pour notre quotidien. Dieu veut le meilleur pour nous. Il désire nous parler, nous bénir, mais nous devons apprendre à nous poser pour bien discerner sa voix et profiter de sa présence vivifiante.

Ton temps d'intimité avec lui, de prière, ne devrait pas être une simple énumération de demandes devant lui ou une lecture rapide de ton chapitre ou de ton petit dévotionnel, juste pour cocher la case « fait » et passer à autre chose. Non, Dieu t'appelle à une relation de cœur à cœur, une intimité, une proximité avec lui. Dans notre union avec Jésus, nous avons un accès tellement privilégié. S'approcher de lui est un cadeau inestimable à ne pas prendre à la légère. C'est un rendez-vous divin où le temps s'arrête, où nous recevons notre pain quotidien et cette source d'eau vive qui nous rafraîchit. Si nous voulons être une source de bénédiction pour les autres autour de nous, comme nous sommes appelés à l'être, alors nous devons rester connectés à la source suprême qui ne tarit jamais !

Le Seigneur te connaît personnellement, il sait exactement ce dont tu as besoin en ce moment même. Il t'appelle à cette intimité profonde avec lui. Viens et prends le temps de t'arrêter un moment, sois intentionnel pour prendre cet instant dans son repos, ce lieu de paix au creux de sa présence. Viens et goûte combien le

Seigneur est bon, car heureux est l'homme qui trouve son refuge en lui. (Psaumes 34:9)

Dans Hébreux 4:10-11, il est écrit : ***En effet, celui qui entre dans le repos de Dieu se repose lui aussi de son activité, tout comme Dieu s'est reposé de la sienne. Empressons-nous donc d'entrer dans ce repos afin que personne ne tombe en donnant le même exemple de désobéissance.*** (S21)

Jésus lui-même nous lance cette invitation dans Matthieu 11:28 (ma traduction française, The Message) : ***Es-tu fatigué ? Épuisé ? Usé par la religion ? Viens à moi. Viens avec moi et tu retrouveras ta vie. Je te montrerai comment trouver le vrai repos. Marche avec moi, travaille avec moi, observe comment je fais. Apprends les rythmes de la grâce. Je ne te poserai pas de fardeaux lourds ou inadaptés. Reste en ma présence, et tu apprendras à vivre librement et légèrement.***

PRIÈRE

Père celeste, merci parce que tu désires mon bonheur. Tu n'es pas un Dieu de tristesse, mais un Dieu de vie, de paix et de joie. Aujourd'hui, je choisis de m'ancrer dans ta parole, de croire à tes promesses et de te faire pleinement confiance. Je déclare que ta paix m'enveloppe, que ton *shalom* remplit ma vie – rien de brisé, rien de manquant – et que je prospère, comme prospère l'état de mon âme. Je rejette la peur, le doute et toute mentalité de manque. Je reçois ton amour, ta faveur et ton abondance. Je choisis de rire devant l'ennemi, car je sais que tu manifesteras ta gloire dans ma vie et que tu transformeras en bien tout ce que l'ennemi a formé contre moi. Ta joie est ma force aujourd'hui, et je m'attends à voir tes bontés se manifester dans chaque domaine de ma vie. Dans le nom de Jésus, amen.

Si tu as envie de prolonger ce moment de paix dans la présence de Dieu, je t'invite à écouter ces chants que j'ai composés sur ce même thème du repos et du rafraîchissement en Lui : ***Tranquille*** et ***Ralentis le pas***, disponibles sur toutes les plateformes de musique.

Laisse-toi bercer par ces mélodies, et que ton cœur retrouve le calme et la douceur au coeur de la présence de Dieu.

VERSETS À MÉDITER

Ésaïe 30:15

« C'est dans la tranquillité et le repos que sera votre salut, c'est dans le calme et la confiance que sera votre force. »

Matthieu 11:28

« Venez à moi, vous tous qui êtes fatigués et chargés, et je vous donnerai du repos. Prenez mon joug sur vous et recevez mes instructions, car je suis doux et humble de cœur ; et vous trouverez du repos pour vos âmes. »

Hébreux 4:11

« Efforçons-nous donc d'entrer dans ce repos »

Psaumes 34:9-10 (S21)

« Goûtez et voyez combien l'Eternel est bon!
Heureux l'homme qui cherche refuge en lui!
Craignez l'Eternel, vous ses saints,
car rien ne manque à ceux qui le craignent.»

Psaume 23:1-3 (BDS)

« L'Eternel est mon berger.
Je ne manquerai de rien.
Grâce à lui, je me repose dans des prairies verdoyantes,
et c'est lui qui me conduit au bord des eaux calmes.
Il me revigore,
et, pour l'honneur de son nom,
il me conduit sur le droit chemin.

Jérémie 31:25 (NBS)

« Je rafraîchirai l'âme fatiguée, et je rassasierai toute âme languissante. »

Psaume 62:2-3

« Pour sûr, c'est à Dieu seul que, dans le calme, je me remets :
mon salut vient de lui.
Pour sûr, lui seul est mon rocher, et mon Sauveur ;
il est ma forteresse : je ne serai pas ébranlé. »

Psaumes 37:7 (DBY)

« Demeure tranquille, appuyé sur l'Éternel, et attends-toi à lui. »

CHAPTRE TRENTE-NEUF

RESTER CONCENTRÉ

SAMUEL

Lorsque Dieu donne une instruction, elle ne fait pas toujours sens aux yeux des hommes. Noé en est un parfait exemple. Dans un monde corrompu et éloigné de Dieu, il a reçu un mandat qui semblait insensé : construire une arche pour un déluge encore invisible. Pourtant, Noé n'a pas douté, il n'a pas cherché l'approbation des autres, mais il est **resté concentré** sur ce que Dieu lui avait dit.

OBÉIR MALGRÉ L'INCOMPRÉHENSION

Noé a suivi les instructions divines avec précision. Il a rassemblé les matériaux, mobilisé sa famille et bâti cette arche pendant des années, alors que tout autour de lui, les gens se moquaient sûrement de lui. Ce projet n'avait aucun sens humainement parlant, mais Noé avait une certitude plus grande que la logique humaine : Dieu avait parlé.

Il en est de même pour nous aujourd'hui. Peut-être que ce que Dieu t'a mis à cœur semble illogique. Peut-être que ton entourage ne comprend pas ton engagement, ta foi, ou les décisions que tu prends en fonction de ce que Dieu t'a révélé. Mais rappelle-toi que la vérité de Dieu dépasse la compréhension humaine. Ce qui importe, c'est de rester fidèle à ce qu'Il t'a confié.

DIEU POURVOIT À CHAQUE ÉTAPE

Tout au long du processus, Dieu n'a jamais laissé Noé dans le manque. Il a pourvu au bois, au temps, à la force, aux animaux, et même aux révélations spécifiques sur la construction de l'arche. De la même manière, lorsque Dieu te confie une mission, il te donne aussi les ressources nécessaires pour l'accomplir.

Éphésiens 2:10 nous rappelle : ***Car nous sommes son ouvrage, ayant été créés en Jésus-Christ pour de bonnes œuvres, que Dieu a préparées d'avance, afin que nous les pratiquions.***

Dieu ne nous appelle pas à accomplir quelque chose sans nous équiper pour le faire. Il a déjà tout prévu d'avance : les bonnes œuvres, les ressources, et le timing parfait.

RESTE CONCENTRÉ ET PERSÉVÈRE AVEC FOI !

La construction de l'arche ne s'est pas faite en un jour. Il a fallu des années de travail, de persévérance, et d'obéissance avant que la promesse de Dieu s'accomplisse. Noé a avancé sans voir immédiatement le résultat, mais il savait que Dieu était fidèle.

Il en est de même pour toi. Dieu t'a donné une part, une mission, un appel unique. Peut-être que tu es dans une saison où tu ne vois pas encore la pluie, mais continue de bâtir. Continue de faire ce que Dieu t'a demandé, même si cela semble insignifiant aujourd'hui. Il est fidèle pour mener à bien ce qu'il a commencé en toi.

Voici une parole de Dieu pour toi : il t'appelle à garder son attention sur ce qu'il t'a confié. Ne te laisse pas distraire par l'incompréhension des autres, par les doutes, ou par le temps qui passe. Sois assuré que Dieu est à l'œuvre, et qu'Il pourvoira toujours à tout ce dont tu as besoin pour accomplir Sa volonté.

Reste fidèle, marche avec foi, et vois comment Dieu manifestera sa gloire à travers ta vie.

« Ne nous lassons pas de faire le bien; car nous moissonnerons au temps convenable, si nous ne nous relâchons pas. » Galates 6:9

7 DÉCLARATIONS POUR RESTER CONCENTRÉ :

1. Dieu a un plan parfait pour ma vie, et il l'accomplira en son temps.

« Car je connais les projets que j'ai formés sur vous, dit l'Éternel, projets de paix et non de malheur, afin de vous donner un avenir et de l'espérance. » Jérémie 29:11

2. Je garde mes yeux sur Jésus, celui qui me montre le chemin de la foi et qui la rend parfaite en moi.

« Ayant les regards sur Jésus, le chef et le consommateur de la foi, qui, en vue de la joie qui lui était réservée, a souffert la croix, méprisé l'ignominie, et s'est assis à la droite du trône de Dieu. » Hébreux 12:2

3. Je persévère, car ma récompense viendra au temps fixé par Dieu.

« Ne nous lassons pas de faire le bien; car nous moissonnerons au temps convenable, si nous ne nous relâchons pas. » Galates 6:9

4. Dieu me donne tout ce dont j'ai besoin pour accomplir ma mission.

« Mon Dieu pourvoira à tous vos besoins selon sa richesse, avec gloire, en Jésus-Christ. » Philippiens 4:19

5. Rien ne pourra me détourner de l'appel de Dieu sur ma vie.

« Mais toi, demeure ferme en toutes choses, supporte les souffrances, fais l'œuvre d'un évangéliste, remplis bien ton ministère. »
2 Timothée 4:5

6. Je marche par la foi, et non par la vue.

« Car nous marchons par la foi et non par la vue. »
2 Corinthiens 5:7

7. Dieu achèvera en moi l'œuvre qu'il a commencée.

« Je suis persuadé que celui qui a commencé en vous cette bonne œuvre la rendra parfaite pour le jour de Jésus-Christ. »
Philippiens 1:6

CHAPITRE QUARANTE

LES 4 CLÉS DE LA VICTOIRE

ÉMILIE

Dieu désire notre bonheur et veut que nous jouissions de la vie abondante qu'il a payée de son sang. Cependant, sur cette terre, nous avons un combat à mener pour rester dans la victoire et gagner du terrain pour le Royaume de Dieu. Notre adversaire, le diable, rôde comme un lion rugissant, cherchant qui dévorer. Mais la Parole de Dieu nous enseigne à lui résister et à utiliser les bons outils qu'il a mis à notre disposition pour rester victorieux au quotidien.

Un soldat en guerre peut avoir reçu tout l'équipement nécessaire pour être victorieux : son épée, son bouclier, son armure, son casque... Mais s'il ne sait pas comment les utiliser, il risque d'être blessé ou même tué. De la même manière, Dieu a mis à notre disposition tant d'armes pour combattre le bon combat de la foi, mais nous devons apprendre à les manier efficacement.

Voici quatre clés puissantes pour vivre dans la victoire :

1 - LA LOUANGE ET L'ADORATION : NOTRE REMPART

La louange et l'adoration agissent comme un rempart, protégeant notre cœur et nous gardant près de Dieu. L'adoration est le langage d'amour entre nous et notre Père céleste. Elle aligne nos pensées et nos émotions avec la vérité divine. Lorsque nous louons le Seigneur et contemplons sa grandeur et sa bonté, nous sommes fortifiés et apaisés, car nos yeux sont fixés sur lui.

Mais attention ! Il ne s'agit pas simplement de chanter nos états d'âme, mais d'élever le nom de Jésus avec foi et reconnaissance. Comme le dit Psaumes 18:4 : « Je m'écrie : Loué soit l'Éternel ! Et je suis délivré de mes ennemis. »

2 - LA PRIÈRE : NOTRE CONNEXION VITALE AVEC DIEU

Notre indispensable reste la prière. Car il est écrit : « Ne vous inquiétez de rien, mais faites connaître à Dieu vos besoins par la prière (...) et la paix de Dieu gardera vos cœurs et vos pensées sous la protection de Jésus-Christ. » (Philippiens 4:6-7)

Jacques 5:16 nous dit que « la prière fervente du juste a une grande efficacité. » Mais pour expérimenter pleinement sa puissance, nous devons d'abord demeurer en Christ, être unis à lui, faire de ses désirs les nôtres et laisser ses paroles demeurer en nous. Jésus nous fait cette promesse dans Jean 15:7 : « Si vous demeurez en moi, et que mes paroles demeurent en vous, demandez ce que vous voudrez, et cela vous sera accordé. » Nous retrouvons aussi cette même pensée dans Psaumes 37:4-5 : « Fais de l'Éternel tes délices, et il te donnera ce que ton cœur désire. Recommande ton sort à l'Éternel, mets en Lui ta confiance, (engage ta foi), et il agira. »

3 - LA DÉCLARATION DE LA PAROLE : NOTRE ÉPÉE SPIRITUELLE

La déclaration de la Parole de Dieu, voilà notre épée ! Jésus lui-même l'a utilisée pour détruire les mensonges du diable lorsqu'il fut tenté dans le désert. C'est une arme de destruction ! Car « la foi vient de ce qu'on entend, et ce qu'on entend » doit venir de la Parole de Christ. (Romains 10:17)

Romains 10:9 nous enseigne que la clé de notre victoire repose sur deux actions essentielles : déclarer et croire. Il est écrit : « Si tu confesses de ta bouche le Seigneur Jésus, et si tu crois dans ton cœur que Dieu l'a ressuscité des morts, tu seras sauvé. » Ce principe s'applique à chaque combat que nous traversons : nous devons proclamer avec foi la Parole de Dieu et croire fermement dans notre cœur à Ses promesses.

4 - LA PRIÈRE EN ESPRIT : UNE PUISSANCE SURNATURELLE

La prière en Esprit, aussi appelée prière en langues, est un outil spirituel d'une grande puissance. Elle fortifie notre être intérieur (1 Corinthiens 14:4), nous aide à intercéder en faveur des saints et garde notre esprit éveillé et en connexion avec Dieu. Elle nous permet également de prier selon la volonté de Dieu (Romains 8:26-27).

Parfois, nous ne savons pas quoi demander ni comment prier efficacement. C'est alors que la prière en Esprit prend toute sa force. Très souvent, en priant en Esprit, nous recevons aussi des révélations divines pour nos situations ou l'interprétation de cette prière conduite par l'Esprit.

MARCHE DANS LA VICTOIRE !

Pour marcher dans la victoire, commence par cultiver une vie d'adoration. À travers la prière, confie tes préoccupations au Seigneur et laisse-le t'inonder de Sa paix. Une fois fortifié dans ton être intérieur, utilise la puissance de la Parole de Dieu pour détruire les mensonges et repousser les attaques de l'ennemi. N'oublie pas de prier en Esprit, car cela t'aide à t'aligner sur la volonté de Dieu et à recevoir Ses stratégies divines pour ta situation.

N'oublie jamais : en Jésus-Christ, tu es plus que vainqueur ! (Romains 8:37)

DÉCLARATION DE FOI

Seigneur, aujourd'hui, je choisis de marcher dans la victoire que tu as acquise pour moi. Je t'adore, je proclame ta Parole avec foi, et je m'appuie sur ta puissance à travers la prière. Je déclare que je suis plus que vainqueur en Jésus-Christ ! Amen.

LECTURES COMPLÉMENTAIRES

Psaumes 149:6

« Que les louanges de Dieu soient dans leur bouche, et le glaive à deux tranchants dans leur main.»

Éphésiens 6:10-11

« Revêtez-vous de toutes les armes de Dieu, afin de pouvoir tenir ferme contre les ruses du diable. »

2 Corinthiens 10:4-5

« Les armes avec lesquelles nous combattons ne sont pas charnelles, mais elles sont puissantes par la vertu de Dieu pour renverser les forteresses. »

Jude 1:20

« Mais vous, bien-aimés, édifiez-vous vous-mêmes sur votre très sainte foi, en priant par le Saint-Esprit. »

Conclusion

« Oui, le bonheur et la grâce m'accompagneront tous les jours de ma vie, et j'habiterai dans la maison de l'Éternel jusqu'à la fin de mes jours. » Psaumes 23:6

Et maintenant, que faire ?

Après ces 40 jours de transformation, une question demeure : et maintenant ?

La réponse est simple, mais puissante : **choisir le bonheur.**

Le bonheur n'est pas une destination lointaine à atteindre, mais une décision quotidienne, un choix renouvelé chaque matin. Dieu a promis de pourvoir une portion de bonheur pour chaque jour de ta vie. Il ne te laisse pas seul pour la suite du chemin. Il est avec toi et ne t'abandonnera jamais.

Nous croyons que tout ce que tu as reçu au cours de ces 40 jours — les inspirations, les enseignements, les révélations — sont des outils que Dieu te donne pour continuer à marcher avec confiance et assurance. Chaque jour, le Seigneur a préparé de bonnes œuvres pour toi (Éphésiens 2:10). Il t'invite à avancer avec foi, en te rappelant que tu es béni.

Si ce livre t'a touché, si tu as vécu une guérison, une transformation ou une révélation, nous aimerions beaucoup entendre ton témoignage. Ton histoire est précieuse et peut inspirer d'autres à choisir le bonheur à leur tour. N'hésite pas à nous écrire — nous serions honorés de célébrer ce que Dieu a fait dans ta vie.

Alors aujourd'hui, et chaque jour qui vient, fais ce choix : **crois que le bonheur et la grâce t'accompagne** — car c'est la promesse de Dieu.

Avec amour,
Samuel et Émilie

RESTONS CONNECTÉS

DÉCOUVRE NOTRE UNIVERS !

Scanne ce code pour accéder à notre ministère, écouter notre musique, nous suivre sur nos réseaux sociaux et plateformes musicales.

Tu peux aussi nous écrire pour une invitation, une question ou simplement pour nous partager ton témoignage — ça nous fera vraiment plaisir de te lire !

ÉMILIE CHARETTE

https://linktr.ee/emiliecharette

SAMUEL BÉLAND

https://linktr.ee/sambeland